우리가 몰랐던 경기도 이야기

정책예보

우리가 몰랐던 경기도 이야기

정책예보

박정균 지음

모아북스
MOABOOKS

4장 천사백만 도시를 여행하는 히치하이커를 위한 안내서

새로운 경기도를 만나는 그날!

세계 경제 위기로 수출 부진, 내수 부진, 고물가, 고환율, 고금리, 일자리 감소로 인한 가계 소득 축소가 더해져 저성장의 그늘 속에 가계부채 상승, 기업부채 상승으로 대한민국은 큰 위기 앞에 서 있다. 어려운 시기에 긴축재정이 아닌 확장재정을 통한 내수 활성화를 시켜야 한다. 그럼에도 불구하고 정부는 관치(官治)를 통한 금융권 금리(金利) 놀이로 대한민국 위기를 극복하겠다고 한다. 동서고금(東西古今)을 보더라도 국가의 경제 위기 극복 과정에 민초(民草)가 앞장서는 나라는 대한민국 국민이 유일(唯一)하다. 그럼에도 국가는 국민을 존중하지 않고 오직 가르치려는 대상으로 보고 있다. 이렇듯 국민은 언제나 무시당하고 있다.

'나의 해방일기'라는 JTBC 드라마에서 경기도 청년들의 고달픈

청춘을 이야기 하고 있다. 경기도민은 언제까지 계란 노란자를 위해 고통을 감내 하면서 살아 가야하나? 왜! 경기도는 서울의 들러리를 마다하지 않을까? 지방 분권 시대에 맞는 경기도의 길은 무엇일까? 서울시 승인이 없으면 버스 노선 하나 만들지 못한 경기도의 정체성은 무엇일까? 헌법에는 국민이 주인이고 도민이 주인이라 했건만, 경기도 주인은 보이지 않고 듣보잡 같은 위정자(爲政者)들이 경기도의 미래를 분탕질하고 있다. 이에 경기도 주인으로서 권리를 선언하고자 한다.

수도권이라는 미명 아래, 경기도는 서울시의 부속품처럼 서울의 이익을 위해 각종 규제라는 올가미 덫에 피멍이 들어갈 뿐이다. 이제는 경기도민을 위한 수도권정비계획을 지역에 맞게 반드시 개정해야 한다. 개정이 힘들면 현 정부가 좋아하는 시행령으로 바꾸면 된다.

이 책에서는 경기도의 미래 비전과 정책적 대안을 제시하고자 한다.

1장은 국가 존립에 필요한 역사의 중요성과 선출직 공직자들에게 '주권재민'(국가의 주권이 국민에게 있다)의 의미를 제시하였다.
역사는 국가를 지탱하는 참고서 역할을 한다. 그러나 역사를 왜곡하는 세력으로 인하여 국가의 정체성이 흔들리고 있다. 이에 선출직 공직자들의 책무가 중요하다는 의미를 기술하였다.
2장은 대한민국의 '지속적 성장'에 필요한 내용을 제시하였다.

기본소득의 중요성, 보편적 공동체 회복, 기후 위기 대응, 공교육 정상화, 중산층 확장, 지방분권형 주택정책 전환, 미래세대를 위한 청년노동연금 도입으로 정년이 보장된 일자리 등을 기술하였다.

3장은 경기도민의 자긍심과 정체성을 찾기 위한 정책적 대안과 '수도권정비계획법' 전면 개정('과밀억제권역', '성장관리권역', '성장촉진권역', '자연보전권역')과 '경기도형 메가시티' 비전과 경기도민을 위한 '경기도형 광역교통망 구축' 필요성을 제시하였다.

경기도는 서울의 들러리가 아니다. 경기도민에게 고통을 주는 족쇄 같은 온갖 규제는 경기도민이 앞장서서 풀어야 한다. 다시 말해 '수도권정비계획법' 전면 개정('과밀억제권역', '성장관리권역', '성장촉진권역', '자연보전권역')을 주도해야 한다는 것이다. 경기 북부권과 동부권을 '성장촉진권역'으로 바꿔서 대한민국 성장 동력으로 삼아야 한다. 이곳에 외국 자본과 외국 기업 유치를 위해서 '무노조첨단산업단지'로 지정해야 한다. 이는 양질의 일자리 창출로 대한민국 미래 먹거리산업 주도와 경기도 균형발전을 도모하기 위한 거시적(巨視的)적인 방안이다. 더 나아가 경기도민을 위한 직주근접단지 조성, 4차 산업 전문인력 육성, 경기과학기술원·경기공대·경기창업학교 신설, 경기도 공공의대 설립, 거점별 공공의료병원 확대, 경로당 주치의 제도 도입, 팔당댐 취수원 상류 이전, 팔당댐 반도체 산업용수 활용 방안 등을 기술하였다.

4장은 수도권 규제 완화를 통한 경기도 균형발전을 위해서 '수도권정비계획법' 전면 개정 필요성과 경기도를 4개 권역으로 설정하여 발전 방향을 제시하였다.

　경기도는 천년의 역사를 가진 도시다. 그러나 수도권 규제로 인하여 경기도의 균형발전은 소원(小遠)하다. 특히 과밀억제권역 일부 지역에 '공장총량제'(건축물 연면적 500㎡ 이상인 공장 규제)가 적용되지 않도록 수도권정비계획법 전면 개정과 경기도 권역(동부 북부 서부 남부)별 추진 산업 방향 등을 기술하였다.

　위에 제시한 정책들은 세부적인 실행력을 담보(擔保)한다면 경기도민의 자긍심을 드높일 수 있다. 이제는 들보잡들이 설치지 못하도록 각자 영역에서 상대방을 물 흐르듯 배려하고 포용한다면 우리가 추구하는 따뜻한 보편적 사회공동체를 만들어 갈 수 있다. 이것이 지방분권이다.

　끝으로 부족한 부분을 채워 주시고 많은 격려를 해주신 분들께 감사 인사드린다.

2023년 12월

박정균

1장
국민과 함께!
주권재민(主權在民)의 시대

"당신의 정치 철학이 뭐냐고 묻는 분이 계십니다. 저의 정치 철학은 '국민과 더불어 함께'(위민(爲民) 이전에 여민(與民))입니다. 김대중 대통령께서 하신 말씀에서 따왔습니다. '정치인은 민심보다 앞서거나 뒤처져서는 안 됩니다. 국민으로부터 고립된 뜀박질은 실패를 향한 돌진에 불과합니다. 목적이 정의롭고 고상할수록 '국민과 함께'라는 방법상의 원칙은 더욱 지켜져야 합니다.' 저는 늘 이 말을 가슴에 새기고 있습니다. 정책을 하다 보면 목적에만 매몰되어 방법을 등한시하는 경우가 왕왕있습니다. 그럴 때마다 항상 이 말을 되새기곤 합니다."

1

역사는 대통령 것이 아니다!

윤석열 대통령은 이념 전쟁을 벌이기로 작정한 모양이다. 육사에 설립된 홍범도 장군 동상을 철거하고, 친일 부역자 백선엽 동상으로 대체하려고 한다. 일제 강제 동원 피해자 보상을 3자 변제라는 희한한 방식으로 굴욕 하더니 이제는 노골적으로 역사 왜곡을 하고 있다. 어떻게 생각하나?

1910년(경술년) 대한제국은 일제의 침략으로 국권을 잃었습니다. 굴욕적인 한일병탄 조약을 체결할 당시 일제의 강압도 있었지만, 친일 파들이 앞장서서 나라를 팔아먹었다는 사실은 지금까지도 우리 자신을 비참하게 만듭니다. 단군 이래 우리나라는 단 한 번도 국권을 빼앗긴 적이 없습니다. 그러나 일제에 의해 국권이 송두리째 빼앗기고, 말과 글마저 빼앗겼습니다. 그런데, 그 과정에서 일제보다 더 가혹하게 수탈하고, 더 가혹하게 민족을 말살한 이들이 친일 부역자들

입니다. 우리는 그러한 사실을 결코 잊어서는 안 됩니다. 그런데, 최근 윤석열 대통령과 그 예하 관료들은 마치 이완용이 부활한 듯 일본의 앞잡이 노릇을 하고 있습니다. 국민은 후쿠시마 핵 오염수 방류 그 자체보다 윤석열 정부가 일본을 대신하여 "안전하다"라고 떠드는 것을 더 못마땅해하고 있습니다. 지금의 역사 전쟁도 저는 윤석열 정부의 사상적 뿌리가 친일적 사고에 있지 않나 하는 의심을 지울 수 없습니다. 이승만 정권의 독재에 항거해 시민들이 들고 일어난 사건이 4·19혁명입니다. 목숨을 부지(扶持)하기 위해 외국으로 망명한 사람입니다. 이러한 사람을 추앙하고 있습니다.

대한민국 헌법 전문에는 "유구한 역사와 전통으로 빛나는 우리 대한민국은 3·1운동으로 건립된 대한민국임시정부의 법통과 불의에 항거한 4·19 민주 이념을 계승하고, 조국의 민주개혁과 평화적 통일의 사명에 입각하여 정의·인도와 동포애로써 민족의 단결을 공고히 한다"고 명시되어 있습니다.

항일 독립투사를 홀대하고, 친일 부역자를 숭상하는 것은 헌법 정신에 맞지 않습니다. 민주화 운동을 폄훼하고 독재자 이승만의 동상을 세우려는 행위는 헌법 위반입니다. 평화적 통일과 민족 단결을 도모해야 할 시기에 '북진 통일론'이나 부르짖고, 전임 정부를 '반국가 세력'이라며 국론을 분열시키는 행위 역시 헌법 위반입니다. 지금 윤석열 정부는 자신이 말한 "이념이 제일 중요하다"라는 말과 홍범도

출처: 2018년 제99주년 '3·1절'을 맞아 열린
육군사관학교의 '독립전쟁 영웅' 흉상 제막식(육군사관학교 제공)/뉴스1

장군 흉상 철거, 이승만 동상 설치와 같은 일련의 행위들이 헌법을 심각하게 위반하고 있다는 사실을 간과하고 있습니다. 이런 행태는 언젠가 반드시 부메랑처럼 되돌아올 것입니다.

우리의 역사는 대통령의 것이 아닙니다. 대통령은 5년 동안 헌법과 법률에 의거해 나라를 통치하라고 국민에게 위임받은 자에 불과합니다. 국민적으로 합의되고, 국민적으로 동의가 끝난 사안을 자신의 생각과 뜻대로 바꾸려는 시도는 결코 성공할 수 없습니다. 역사가 자신의 입맛대로 될 수 있다는 생각으로 추진한 '국정교과서'가 결국 박근혜 정권 몰락의 신호탄이 되었고, 그에 관여한 자들은 줄줄이 사법처리 되었습니다.

모든 법률은 시대에 따라 변합니다. 변해야 합니다. 그러나, 변하지

당시 가장 많이 회자된 윤석열 대통령의 발언

당시 가장 많이 회자된 윤석열 대통령의 발언
출처: 유튜브 새시대준비위원회 2021년 12월 29일

않을 것이 딱 하나 있습니다.

"대한민국 헌법 제1조 대한민국은 민주공화국이며, 대한민국의 주권은 국민에게 있고, 모든 권력은 국민으로부터 나온다."

이 말을 쉽게 풀이하면, 윤석열 대통령은 즉각 항일 독립운동 폄훼, 민주주의 왜곡을 중단해야 한다는 말과 같습니다. 윤석열 대통령은 자기 자신이 한 말에 귀를 기울여야 합니다.

대통령 사면권을 사면하자

윤석열 대통령의 사면권 남용이 대통령 사면권에 대한 근본적 회의를 낳고 있다. 역대 어떤 정부도 사면권을 이런 식으로 남용하지는 않았던 것 같다. 대통령 사면권 어떻게 바뀌어야 한다고 보나?

───

사면권자의 판단만으로 특별히 누군가를 골라 판결을 백지로 되돌리는 만큼, 사면은 법을 초월한, 전제적 권한이라고도 볼 수 있습니다. 실제 현대의 사면 제도는 영국 국왕이 죄인들에게 베푸는 은총인, 은사권[1]에서 유래했습니다.

미국은 영국의 관습을 참고해 대통령의 사면권을 헌법에 집어넣었습니다. 헌법 입안에 참여한 뉴욕주 대표 알렉산더 해밀턴은 불안정했던 미국의 정치 현실을 감안해, 국민 통합 목적의 사면권이 반드시 필요하다고 주장했습니다. "반란이 일어났을 때 적절히 주동자들을 사면하면 국가가 평온함을 되찾을 수 있다"라는 겁니다.

반면 연방정부의 권한이 확대되는 것을 우려하던 버지니아주 대표 조지 메이슨은 반대했습니다. 만약 대통령이 "동료의 반역죄를 용서해줄 수 있으면, (이들을 통해) 공화정을 무너뜨리고 왕정을 세울 수 있다"라고 경고했습니다. 그래서 대통령의 사면권을 의회와 나누는 방안도 논의됐지만, 이 아이디어는 채택되지 못했습니다. 사면 심사에 있어선 "신중하고 건전한 상식을 가진 한 개인의 결정이 다수보다 낫다"라는 이유에서였습니다. 결국 미국 헌법에선, 대통령이 탄핵을 제외하고 형의 집행유예 및 사면을 명할 수 있도록 강력한 권한을 부여합니다.

문제는 그 '건전한 상식을 가진 한 개인', 즉 대통령의 결정이 정당하지 못할 수 있다는 점입니다. 대통령 판단이 정당성을 인정받지 못할 경우, 모든 사람은 지위 고하를 막론하고 똑같이 법을 지켜야 한다는 법치주의의 기초가 무너질 수도 있습니다.

노무현 전 대통령이 지난 2005년 측근 강금원 창신섬유 회장과 안희정 씨를 사면하자 당시 야당으로 현 국민의힘의 전신인 한나라당은 "'무권유죄 유권무죄'의 르네상스가 왔다"라고 비판했습니다. 이어 정권이 바뀌어, 이명박 전 대통령이 측근 최시중 전 방송통신위원장과 천신일 세중나모 회장, 박희태 전 국회의장을 특별 사면하자

공수가 바뀌었습니다. 현 민주당의 전신인 민주통합당은 "국민의 뜻을 거스르는 사면권 남용"이라 날을 세웠습니다.

단 한 명을 위한 사면도 있었습니다. 이명박 대통령은 2009년 평창 동계올림픽 유치를 이유로 삼성 이건희 회장에 대한 '원포인트' 특사를 단행했습니다. 4백억 원대 조세 포탈 혐의로 대법원에서 징역형이 확정된 지 불과 넉 달 만이었습니다. 하지만 9년 뒤, 윤석열 당시 서울중앙지검장 시절 검찰 수사를 통해 사면에 부적절한 거래가 있었음이 드러났습니다. 삼성 이학수 전 부회장은 "이건희 회장 사면을 기대하면서 이명박 전 대통령의 다스 관련 미국 소송비용을 지급했다"라고 검찰에 자수했습니다.

사면권 논란은 현재 진행형입니다. 윤석열 대통령은 이번 광복절 특사로 김태우 전 서울 강서구청장 등 정치인들과 기무사 계엄문건 관련자들을 골라 넣었습니다. 김태우 전 구청장은 형이 대법원에서 확정된 지 채 석 달이 되지 않았습니다. 삼성 이건희 회장 사면보다 한 달이나 더 빨리 대법원 판결을 무효로 돌린 겁니다. 김 전 구청장은 곧장 자신의 유죄 판결 때문에 치르는 강서구청장 보궐 선거에 국민의힘 후보로 출마했습니다.

잘못된 사면권에 대한 심판은 국민이 내렸습니다. 강서주민들은 민주당 후보와 무려 17% 차이라는 사상 초유의 표 차이로 범죄자 김태우와 그를 사면한 무도한 윤석열 대통령을 심판했습니다.

광복절 특사에는 소강원 전 국군기무사령부 참모장도 포함됐습니다. 소 전 참모장은 박근혜 전 대통령 탄핵에 맞춰 군을 동원해 시위대를 통제하는 이른바 '계엄문건' 작성의 핵심 당사자 입니다. 지난 3월 뒤늦게 조현천 전 사령관이 귀국해 계엄령 문건에 대한 검찰 수사가 재개된 와중에, 핵심 관련자인 소 전 참모장이 사면된 겁니다.

앞서 신년 특사로 남은 형을 감형받은 원세훈 전 국정원장은 지난 14일 이번엔 가석방으로 풀려났습니다. 2017년 윤석열 대통령이 지휘하는 국정원 수사팀은 원 전 원장 시절 민간인 사찰과 정치 공작으로 얼룩진 국정원의 일탈 행위를 밝혀냈습니다. 당시 검찰은 "수많은 국민의 피땀으로 이룩한 대한민국의 민주주의를 한순간에 무너뜨렸다"며 "사안의 엄중함을 고려해달라"고 중형 선고를 요청했고 사법부 역시 오랜 심리 끝에 "정보기관이 나서 특정 방향으로 여론을 형성하거나 견제하는 것은 자유민주주의의 헌법 기본 질서에 명백히 어긋난다"라고 최종 판단했습니다. 반헌법적이라는 법원의 질타에도, 원 전 원장은 마지막까지 정책적 판단이었다는 입장을 유지했습니다.

이제 우리나라도 대통령 사면권을 사면해야 합니다.
가장 우선 사면 결정 과정에 민주적 절차성을 부여해야 합니다. 대통령 맘대로 사면하는 현재의 구조로는 사면권 남용을 막을 수 없습니다. 현재 9명의 사면심사위 중 과반수인 5명을 현직 공무원을 임명하여 대통령의 거수기가 되도록 한 제도를 바꿔 시민 참여를 강화하고, 프랑스처럼 사면 과정과 심사 회의록 전면 공개를 제도화해야 합니다.

　김태우처럼 사법권을 우롱하는 사면이 되지 않도록 무조건 형기의 1/3 이상, 판결 이후 최소 1년 뒤 사면이 가능하도록 대상을 제한해야 합니다. 이제 대통령 사면권이 법률 취지를 벗어나 대통령과 일부 정치 집단의 정치적 이익을 위해 남용되지 않도록 만들어야 합니다.

3

세 번이면 충분하다,
국회의원 3선 초과 연임 금지

이승만, 박정희, 전두환 등 독재를 경험한 대한민국은 정치 제도에서 독재 회귀 가능성을 철저히 배제하고 있다. 대통령은 단임제이며, 지방정부의 장은 3연임까지만 가능하게 하고 있다. 심지어 교육감도 마찬가지이다. 그런데 국회의원만 그 제한이 없다.

다선 의원의 경험도 중요하지만 더 중요한 것은 의원이 하나의 기득권이 되어서는 안 된다는 것이다. 그럼에도 불구하고 5선을 넘어 6선을 위해서 자신만 기득권이 아닌 척, 먹던 물에 침을 뱉고 다른 당에서 국회의장을 꿈꾼다.

3선 초과 국회의원 출마 제한에 대해서 어떻게 생각하나?

매번 선거 때마다 현역 교체에 대한 비율은 늘 높게 나왔습니다. 정말 현역이 못해서라기보다는 새 인물에 대한 기대감이나 '고인 물'

동일 지역 3선 이상 출마 제한에 대한 지지여론

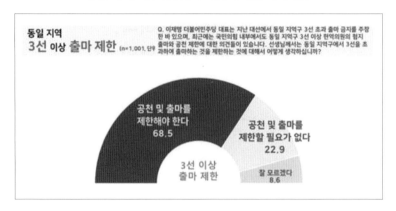

동일 지역
3선 이상 출마 제한 (n=1,001, 단위

Q. 이재명 더불어민주당 대표는 지난 대선에서 동일 지역구 3선 초과 출마 금지를 주장한 바 있으며, 최근에는 국민의힘 내부에서도 동일 지역구 3선 이상 현역의원의 험지 출마와 공천 제한에 대한 의견들이 있습니다. 선생님께서는 동일 지역구에서 3선을 초과하여 출마하는 것을 제한하는 것에 대해서 어떻게 생각하십니까?

공천 및 출마를
제한해야 한다
68.5

공천 및 출마를
제한할 필요가 없다
22.9

3선 이상
출마 제한

잘 모르겠다
8.6

출처: 뉴데일리 2023년 10월 18일

에 대한 반발심이 주된 영향일 것입니다. 최근 여론조사는 21대 총선에 비해 그 비율이 높아졌음을 나타냅니다. 물론 그 수치의 차이는 크지 않습니다. 현역 유지와 현역 교체의 여론은 늘 비등비등합니다. 현역의원에 대한 만족도도 어느 정도 있기 때문입니다.

그러나, '3선 의원 출마 제한'은 조금 다릅니다. 뉴데일리 의뢰로 여론조사 전문기관 피플네트웍스리서치(PNR)가 2023년 10월 16일부터 17일까지 전국 만 18세 이상 성인 1,001명을 대상으로 '동일 지역구에서 3선을 초과하여 출마하는 것을 제한하는 것에 대해 어떻게 생각하느냐'고 물은 결과 "공천 및 출마를 제한해야 한다"고 응답한 비율이 68.5%로 나타났습니다. "공천 및 출마를 제한할 필요가 없다"고

응답한 비율은 22.9%에 불과했습니다. 현역 물갈이 여론보다 '3선 의원 출마 제한'이 더 큰 호응을 얻고 있음을 알 수 있습니다.

정치권에서는 금기어처럼 되어 있던 '4선 금지'는 민주당 대선 후보가 된 이재명 현 대표가 대선 후보 시절 던진 화두였습니다.

그는 2022년 1월 6일 한국행정학회와의 토론에서 국회의원 3선에 대해 "12년이나 되는 긴 시간이다. 물론 집행 권한을 가진 단체장하고 감시 견제 역할을 하는 의원은 좀 다르긴 하지만, 그래도 새로운 기회를 만들어 내는 건 필요한 일이다."라며 '의원 3선 출마 제한'을 공식 주장했습니다.

민주당은 이를 받아 지난 대선 당시 혁신위를 구성하고 혁신 과제로 '동일 지역구 3선 출마 제한'을 대안으로 제시하였습니다. 전면적 금지에서 '동일 지역구'라는 전제가 붙었습니다. 대통령은 단임이고, 시·도지사, 시장, 군수는 3연임까지만 허용되는데, 법률가들은 '3선 연임 제한'은 개헌을 통해서 가능하다고 주장하기도 합니다. 그러나 정치권이 합의하면 동일 지역구에 3번 이상 출마할 수 없도록 제한을 둘 수 있습니다. 꼭 법률로 정할 필요도 없으며, 각 정당이 모범적으로 시행하고 사후 입법화해도 문제가 없습니다. 개혁은 시기를 놓치면 불가능합니다. 그리고 기득권은 언제나 어떤 식으로든 방해하기 마련입니다. 개혁하기 적절한 때란 없습니다. 오직 개혁을 향한 의지가 얼마나 굳건하냐의 문제입니다. 국회의원에게 제한이 가해지면 자연스럽게 광역, 기초 지방의원들도 그렇게 될 것입니다.

다가올 22대 총선에서는 동일 지역구 3선 초과 연임 금지에 대한 국민적 관심이 크기 때문에 민주당과 국민의힘과의 경쟁으로 치달을 수밖에 없을 것이다. 더 나아가 국회의원 3선 이상 연임 제한에 발맞추어 광역단체장과 기초단체장 2선 이상 연임 제한도 고민할 시기입니다.

1장 5번에서 기술한 것처럼 인구 500만 단위로 8개 광역화, 국회의원 상·하원제 운영과 인원 축소, 광역단체장과 기초단체장 통폐합과 인원 축소, 광역의원과 기초의원 통폐합과 인원 축소가 이루어져야 합니다. 작금의 기득권 세력이 자신의 권한을 내려 놓으면 모든 것이 해결됩니다. 대한민국은 미래세대를 위해서 청년세대를 위해서 고령화 시대를 위해서 개헌이 필요합니다.

4

지방의원 시대를 기다리면서!

지방의원에 대한 만족도가 겨우 13%에 불과하다. 이는 심각한 신뢰의 위기이자 존립 자체에 대한 회의이다.

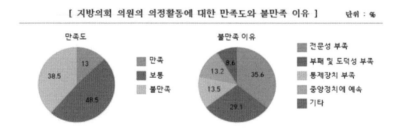

[지방의회 의원의 의정활동에 대한 만족도와 불만족 이유]　단위 : %

만족도
- 만족
- 보통
- 불만족

13
38.5
48.5

불만족 이유
- 전문성 부족
- 부패 및 도덕성 부족
- 통제장치 부족
- 중앙정치에 예속
- 기타

8.6
13.2
35.6
13.5
29.1

출처: 한겨레, 2021년 3월 11일

　지방정부의 장과 지방의원들이 거대한 기득권으로 전락하고 오히려 주민들의 권리 행사를 방해하는 실정이다. 이에 대한 대안과 발전 방향은 무엇인가?

말하기가 조심스러운 부분입니다. 기초단체장에 대한 실망감도 크지만, 지방의원에 대한 실망감 역시 증가하는 것도 사실입니다. 아마 다양성을 수용하지 못하기 때문입니다. 하지만 여러 가지 문제점이 있었고 많이 개선되는 중입니다. 저는 지방의원들을 옆에서 지켜보고 함께 일해온 입장에서 대다수의 지방의원들은 헌신적이고 열정적이라는 점을 꼭 말씀드리고 싶습니다. 그런 맥락에서 저는 지방의원의 문제를 지적하기 전에 우선 해결되어야 할 문제가 있다고 생각합니다. 바로 지방의원들의 유급 보좌관 문제입니다.

국회의원은 9명의 유급 보좌 인력을 채용할 수 있으며, 이들은 국가 공무원으로 국비 지원을 받습니다. 그러니 의정 활동이 잘 될 수밖에 없습니다. 같은 능력치라 할 때 9명의 보좌를 받는 사람과 혼자서 하는 사람과 차이가 나는 것은 어찌 보면 당연합니다. 일단 일을 잘할 수 있는 환경을 만들어주고 비판을 해야 하지 않을까요?

지방의회가 유급 보좌관을 갖지 못하는 것은 전적으로 국회의 외면 때문입니다. 대법원 특별 2부(주심 신영철 대법관)는 서울시의회를 상대로 낸 조례안 재의결 무효 확인 소송(2012추91)에서 지방의회 유급 보좌관제는 국회의 입법 사항이라고 판시했습니다. 그 이후 국회에서 이 문제가 제대로 논의되었는지 궁금합니다. 우여곡절을 겪고 나서 2023년에 2인 1명의 정책지원관을 두고 의정 활동에 도움을 받고 있으나 이것으로 다양한 정책을 만들어낼 수 없습니다.

지방분권시대에 맞는 지방의회가 되어야 합니다. 최근 경기도의회는 156명의 의원 2인당 1명꼴인 76명의 정책지원관을 채용한 바 있습니다. 1명씩 배치해도 모자랄 판에 2명당 한 명은 어쩌면 생색내기 그 자체일지도 모릅니다. 지방의원들이 제대로 활동할 수 있는 여건이 마련된다면, 저는 지방의회 개혁이 본격적으로 시작할 준비가 된 것으로 생각합니다.

현행 광역의회와 기초의회를 통합하는 방안을 제안하고 싶습니다. 통상 국회의원 선거를 기준으로 광역의원 2명, 기초의원 4명이 일반적입니다. 이미 전체 98%가 도시화된 경기도의 경우 그 비율은 더욱더 일률적입니다. 광역의원은 자기 지역구의 절반 정도씩을 지역구로 가진 시·군의원과 함께 활동합니다. 최근 지방행정은 광역화가 기본입니다.

이제 구청이 있는 곳은 구청의 사무와 시의 사무가 통합되는 추세이고 행정 전산화와 정보 통신의 발달로 가능합니다. 이렇게 행정이 광역화되는 흐름에 맞춰 의원 1명이 광역의원과 기초의원을 겸임하면 훨씬 효율적으로 될 것입니다. 통상 거의 대부분 사업은 도비와 시비 매칭으로 진행되는 경우가 많습니다. 겸직한다면 굳이 따로 심의하거나 협의하지 않아도 본인 지역구의 문제는 본인이 한꺼번에 다 들여다볼 수 있는 장점이 있습니다.

물론 업무가 과중하고, 예산 구조가 상이한 기초와 광역을 함께 관할하는 것이 어려울 수 있습니다. 그러나, 정책보좌관을 배치한다면 충분히 가능합니다. 실제 국회의원은 국가 사무 외에도 자기 지역구에서 발생하는 광역단위 민원과 기초단위 민원 모두를 처리합니다. 지방의회에서 이렇게 안 되는 것이 오히려 더 이상한 것입니다.

'지방자치' 전부 개정에 따라 광역의원과 기초의회에서는 의원 수의 절반에 해당하는 정책지원관 제도가 운영되고 있습니다. 이제는 전문적이면서 독립적인 지방분권 시대를 열어야 합니다. 그런 의미에서 경기도 광역의원 156명, 기초의원 463명을 하나로 통폐합 운영해야 합니다. 현재 619명의 지방(광역·기초)의원 숫자를 200명 수준으로 감축하고 2명의 정책보좌관 체제로 운영하여 전문성을 높여야 합니다. 450명 이상의 지방의원 감축 효과는 재정자립도가 낮은 지자체에 큰 도움이 될 것입니다. 결국 지역 주민들에게 복지 행정을 더 추진할 수 있는 재원을 마련하는 것입니다.

기업은 효율성이 없는 방만한 시스템을 운영하지 않습니다. 작금의 시대는 변화입니다. 민의를 들먹이는 구태 의연한 정치 형태에서 벗어나야 합니다.

예컨대 연천 7석, 가평 7석, 양평 7석, 과천 7석, 오산 7석 등 초미니 의회가 많다는 것입니다. 아무리 규모가 작아도 의회 운영에는 인력과 예산이 들어갑니다. 지방의원 통합은 이런 문제를 극복하게 할 것입니다. 우리는 저출생과 초고령화 시대를 맞이하고 있습니다. 그러나 대비책은 요원(遙遠)합니다. 중앙정부의 예속을 탈피하기 위해서는 지방정부는 재정 건전화와 집행의 효율성을 확보해야 합니다. 그리고 국회의원처럼 지방의원도 겸직 활동을 금지시켜야 한다.

다음으로 지방의원 공천 방식의 개혁입니다. 정당 공천제 폐지가 잠시 이슈화 된 적이 있었습니다. 양당제에서는 정당 공천제가 폐지할 가능성은 제로입니다.

현실로 돌아와서, 정당의 정강 정책과 가치관에 맞는 후보를 양성하고 일정 수준에 다다르면 지방선거 후보자로 추천하는 육성시스템을 구축해야 합니다. 현재는 시스템 부족으로 검증이 되지 않는 후보들이 다수가 존재합니다. 당의 강령과 당헌 당규를 무시하는 지방의원이 있습니다. 일부는 지방의원을 신분 상승하는 완장으로 생각합니다. 이에 선출직 평가시스템에 과도할 정도로 의정 활동을 반영해야 합니다. 아울러 공천에서 지역구 의원의 힘이 작용하지 못하도록 시·도당의 객관적 평가만 반영되는 새로운 평가시스템을 반드시 도입해야 합니다.

끝으로 지방의원 지위를 격상하는 방안을 제시하고자 합니다. △ 지방의회 독립성을 위해 지방의회법 통과가 시급합니다. △ 국회의원 2/3 수준으로 의정비 인상이 필요합니다. △ 의정 활동 지원을 위해 지방의회도 후원회가 설치되어야 합니다. △ 정책 발굴과 대안을 지원받기 위해 정책보좌관 제도를 도입해야 합니다. △ 지방의회의 효율성과 재정 건전화와 전문성 강화를 위해 광역의원과 기초의원을 통폐합해야 합니다. △ 국회의원처럼 겸직을 금지해야 합니다.

5

서울을 쪼개야 대한민국이 발전한다

1945년 인구 90만에서 1990년 인구 1,060만 명까지 도달하였다. 서울은 홍길동처럼 어떤 방법으로 인구를 증가시켰는가.

또한 국민의힘은 총선을 앞두고 수도권 승리를 위해서 수도권 민심을 바꿔야 한다는 기조 아래 서울 편입 대상으로 경기도 김포를 지목했다. 이들은 서울시의 경쟁력을 갖춰야 한다는 논리로 외국 사례까지 들먹이면서 김포를 넘어 인접 지자체도 서울 편입을 주장하고 있다.

그들이 말하는 메가 서울이 타당한가?

먼저, 대한민국 균형 발전을 위해서는 서울 중심이 아닌 수도권을 4개 광역으로 나누어야 합니다.

질문에 대한 답을 하겠습니다. 결론적으로 메가 서울은 타당하지 않습니다. 서울시도 지방처럼 인구 소멸이 시작된 지가 30년이 넘었습니다. 지금도 계속되고 있습니다. 자고 일어나니 후진국으로 추락 중이라는 말처럼 달콤한 곶감이 빠져나가는 것을 이제야 알았다면 무능입니다. 이들은 해결책을 제시하지도 못하고 김포시를 편입시켜서 서울의 인구감소를 줄여 보자는 포석입니다. 예전에 경기도의 땅과 인구를 강탈 받아서 1,000명을 넘겼던 객기(客氣)로 다시금 경기도 일부 지역에 눈독을 들이고 있습니다. 이들이 추진하려는 정책이 누구를 위한 것인지 참으로 한심스럽습니다. 아래 돌을 빼서 윗돌에 올려놓겠다는 발상에 대해서 오죽하면 국민의힘 소속 유정복 인천시장까지 나서서 경기도 김포시의 서울시 편입은 정치 쇼에 불가하다고 일갈(一喝)하고 있을까요. 부끄러운 일입니다. 이것이 정치의 수준입니다.

우리는 할 수도 없는 것을 주장하는 것을 '빈 수레가 더 요란하다'라고 말한다. 먼저, 우리 아이들에게 제공되는 무상급식 반대를 주장하면서 주민투표로 시장직을 걸고 서울시민을 현혹했지만 결국 서울시장 사퇴로 막을 내렸습니다. 사우디를 제치고 부산 엑스포 유치 대역전 가능하다고 용산과 정부와 특정 언론 등이 국민을 얼마나 현혹했는가. 대통령의 영어 연설이 표심을 자극했다는 찬양과 희망 고문 된 장밋빛 역전 전망에, 이 모든 것들이 처음부터 국민을 속였습니다. 결국 대통령과 국민의힘 대표는 국민께 머리를 숙였지만, 그들은 다시금 누구의 탓을 하고 있습니다.

서울시 과거와 현재를 살펴보고자 한다. 해방 후 1946년 미군정은 경기도에 예속된 경성부를, 강북을 중심으로 8개(영등포, 용산, 마포, 중, 종로, 서대문, 동대문, 성북) 구로 신설하여 서울로 이름을 바꾸었다. 이후 이승만은 서울을 다른 이름으로 개명하려고 시도한 적이 있습니다. 이들은 1949년 지방자치법 제정으로 서울을 특별시로 승격하고 서울의 확장을 위해 그해 8월 15일 경기도 고양군·시흥군 일부를, 1963년 1월 1일 경기도 광주군·양주군·시흥군·김포군·부천군 일부를, 1973년 7월 1일 경기도 고양시 일부를 편입하였고 한강 아래 강남까지 서울의 영역으로 넓혔다. 그랬던 서울이 1945년 인구 90만 명에서 1990년 1,060만 명을 기점으로 2023년 10월 기준 940만 명으로 인구가 줄었다. 이는 이명박 정부가 추진했던 뉴타운 정책이 탈서울을 재촉하였다. 결국 120만 명이라는 인구가 일자리와 값싼 주거를 찾아 서울을 떠났다.

서울특별시는 지금껏 온갖 특권(교육, 경제, 주거, 문화, 의료, 금융 등)을 독식(獨食)하였다. 이것도 모자라 경기도 일부 지자체를 또다시 서울로 편입하여 배를 채우겠다고는 발상은 아직도 기득권적 특권에서 벗어나지 못하고 있다. 서울시장은 장관급이라 국무총리가 관장하고, 다른 광역단체장은 차관급이라 장관이 관장한다. 헌법 11조 2항 특수 계급 조항을 인정하지 않는다고 명시되어 있는데, 중앙정부는 지방정부를 구속하기 위하여 계급화를 조장하는 것이다.

각 나라는 수도를 특별시라고 명칭한 곳은 지구상에 하나도 없다. 미국의 워싱턴DC, 영국 런던, 캐나다 오타와, 호주 캔버라, 독일 베

를린, 프랑스 파리, 일본 도쿄, 중국 베이징 등 이들 도시는 서울처럼 특별시라고 명칭하지 않는다.

예컨대 프랑스 수도 파리 인구는 222만 명이다. 대구시 보다 적고 서울시 보다 4배가 적다. 그러나 규모가 아닌 브랜드로 세계를 주도하고 있다. 프랑스는 2016년 22개 광역(레지옹)을 13개로 통폐합했다. 13개 지역별 평균 인구가 480만 명이다. 행정비용 절감으로 낙후한 지역 경제 활성화를 위해 정치적인 것은 일체 배제하고 자국민을 위해서 통폐합을 진행한 바 있습니다.

미국의 수도 워싱턴DC 인구도 21년 기준 773만 명이다. 세계 인구 순위 13위로서 세계적인 위상을 갖추고 있다. 반면 21년 기준 대한민국 수도 서울특별시 인구는 970만 명이다. 규모의 면에서 서울은 미국 워싱턴DC를 앞서고 있다. 국민의힘이 주장하는 서울의 경쟁력이 파리와 워싱턴에 비교해서 뒤떨어지지 않는다.

2023년 7월 한국은행 자료에 따르면 대한민국 경제 규모가 세계 13위로 추락하고 있다. 우리는 도시의 경쟁력보다 추락하는 대한민국의 국격(재정확장으로 경제 규모 확대)을 높여야 한다. 결론은 경기도 일부 지역을 서울 편입으로 규모를 키울 것이 아니라 국가의 브랜드를 올려야 한다. 이를 통해서 도시의 경쟁력이 자동으로 올라가는 것이다.

이왕지사(已往之事) 하고 싶지 않지만, 한강(漢江)을 중심으로 나누는 방안으로 예전 경기도 땅이 서울로 편입했던 것들을 되돌리면,

강북은 경기북도, 강남은 경기남도로 행정 구역을 개편하는 것이 지역 균형 발전을 위해서 더 나아가 대한민국의 균형 발전을 위해서 아주 좋은 대안이 될 수 있다. 이렇게 되면 접경지역과 팔당댐 수질 보호와 자연보전지역 규제 등 온갖 통제 받는 것을 함께 공유하면서 혐오시설과 기피시설도 자급자족할 수 있다. 이것이 지방자치에 맞는 지방분권이다.

더 나아가 서울 메가시티가 아니라, 대한민국 국민의 행복권을 확보하기 위해서 프랑스 '레지옹'처럼 행정비용을 절감하고 경쟁력을 확보하기 위해서, 특별시·광역시·도·특별자치시·특별자치도·특례시 등으로 복잡하게 나누어진 행정체계를 500만 명 단위로 하여 8개 광역으로 개편하고, 수도권(서울·인천·경기)은 4개 광역으로 개편하면 된다. 그리고 개헌을 통한 국회의원, 광역단체장·기초단체장, 광역의원·기초의원, 공무원 등도 인원 축소하면 매년 행정비용으로 수조 원을 절약할 수 있다. 이는 세대별 맞춤형 보편적 복지행정을 실현할 수 있다. 이것이 대한민국 경쟁력을 높이고 미래세대를 위한 기성세대들의 책무라고 본다.

오지랖이겠지만 국민연금 고갈을 걱정할 필요가 없다. 전국을 8개 광역으로 개편하고 그에 따른 대폭적인 인원 감축으로 이어지면 매년 수조 원의 예산을 확보할 수 있다. 이 재원으로 민생, 복지, 교통, 돌봄, 교육, 문화, 의료, 공공주택 등 예산으로 사용할 수 있다. 이것은 국가가 해야 할 책무다.

6

지금은 반성의 시간

지금까지 민주당 당원으로 충실한 정치를 해오셨고, 대선과 지방선거에서도 헌신적으로 복무하셨다. 그럼에도 불구하고 민주당 당원으로서 반성해야 한다고 주장하신다. 그 이유가 무엇인가?

———

공자가 남긴 '지혜를 얻는 세 가지 방법'이 있습니다. 저는 그것을 패러디하여 지혜를 얻는 세 가지 방법을 나름대로 생각하고 있습니다. 첫째는 가장 고상한 방법으로, 사색을 통해 얻는 것입니다. 둘째는 가장 쉬운 방법으로, 모방을 통해 얻는 것입니다. 셋째는 가장 고통스러운 방법으로, 반성을 통해 얻는 것입니다. 만약 가장 고통스러운 반성을 통해 얻지 못하면 우리는 더 큰 고통을 얻게 됩니다. 22년 대선 이후 국민 갈라치기 등으로 더 큰 고통을 주고 있습니다. 이를 증명하듯, 각종 여론조사에서 현 대통령의 국정운영에 대한 부정 평가는 60%대입니다.

정당인으로서 정당 활동은 늘상 반성을 통해 국민의 마음을 얻고, 그렇게 얻은 마음을 정책으로 승화시켜서 국민 통합을 이루고, 통합된 힘은 국민 모두의 삶의 질을 높이는 선순환 구조를 만드는 것입니다. 다시 말해 국민의 눈 높이에 맞게 처신해야 합니다. 그럼에도 정치권은 선거 패배 전까지는 민심에 귀 기울이지 않습니다.

2023년 10월 9일 강서구청장 보궐선거에서 민주당은 17% 이상으로 압승을 거뒀습니다. 이것은 세 번의 선거 실패 끝에 얻은 승리입니다. 그렇다고 민주당의 반성이 다 끝났을까요? 아닙니다.

노무현 대통령의 측근을 흔히 '친노'라고 부릅니다. 혹자는 '한국 정치인 팬덤의 시초'라고도 합니다. 2008년 노무현 정부가 정권 재창출에 실패하자 친노 중의 일부는 '우리는 폐족(廢族)'이라고 고백했습니다. 정권 재창출에 실패한 친노 세력의 처지를 조상이 큰 죄를 지어 자손이 벼슬을 할 수 없게 된 폐족에 비유한 것입니다. 표현의 적절성 여부를 떠나 스스로 폐족 상태라 선언하고 현실 정치에서 사라졌던 그들에게 당시 국민 다수는 적어도 비난하지 않았습니다. 폐족을 선언할 정도로 반성하는 그들에게 국민들은 그들을 용서하고 이해해주었습니다. 시간이 흘러 그들 중 대부분이 이후 총선과 지방선거 등에 당당히 당선되어 정치 일선으로 돌아왔습니다.

그럼에도 2022년 민주당은 정권 재창출에 실패했습니다. 다시 우리는 죄 짓고 엎드려 용서를 구해야 할 그때의 친노들과 같은 처지가 되었습니다. 집권 10년의 역사를 계속해서 지키지 못한 것, 거대 집권 여당 세력을 단결된 세력으로 가꾸고 지키지 못한 것, 이 모든 책임을 회피할 수는 없습니다. 민주개혁 세력이라 칭해져 왔던 세력이 촛불혁명이라는 국민적 갈망인 시대정신을 저버렸습니다. 우리가 어찌 이 책임을 면할 수 있겠습니까? 문재인 정부가 비교적 높은 지지율로 임기를 마친 것은 자랑스러운 일입니다. 그러나, 대선 내내 정권교체 여론이 높았다는 사실은 우리에게 반성할 것이 많다는 국민의 준엄한 심판이었습니다. 그럼에도 불구하고 우리는 새로운 시대로, 새로운 세력으로 민주당을 바꾸고, 정립할 책무를 완수하지 못했습니다. 지금도 그 과정에 있다고 생각합니다.

한 가지 짚고 넘어가야 할 문제가 있습니다. 지금까지 제2의 폐족이라 칭하는 사람은 나타나지 않습니다. 노무현 정부의 실패가 문재인 정부에서도 반복되었다는 주장 자체가 의아스럽습니다. 결국은 사람 기용의 문제입니다. 여기에는 촛불 민심은 전혀 반영되지도, 반영하려는 의지도 없었습니다. 윤석열 정부의 막무가내식 인사 기용에 대해서 뭐라고 이야기할 겁니까? 설령 윤석열 정부가 못한다고 이야기한들 자신들의 잘못이 가려지지 않습니다. 국민들에게 반성한다는 고백이 없었기 때문입니다. 국민을 가르치려는 행위는 전 정부나 현 정부나 다를 바 없습니다.

그럼에도 이명박 정권 때 고위 공직자들 중에서 반성하는 사람은 아무 없었습니다. 그런데, 그런 그들을 윤석열 정부가 또 기용하고 있습니다. 반성 없이 등장한 그들에 대해 우리 국민은 어떻게 평가하고 있을까요? 세월이 흘렀다고 용서하고 잊고 있을까요? 아닙니다. 그렇지 않았습니다.

MB의 언론 특보였던 이동관 방통위원장에 대해 국민 70.2%가 임명을 반대했습니다.[2] '문화계 블랙리스트'의 원조이자 문화부 차관을 역임한 유인촌 문체부장관에 대해선 국민 57.1%가 임명을 반대합니다.[3] 또 다시 교육부장관을 맡은 이주호 교육부장관은 초등학교 교장 연수 자리에서 집단적 야유를 받았습니다. 과거 교장들이 교육부장관에게 야유하는 일은 전례가 없는 일입니다.

이렇듯 실패한 정부의 공직자에 대한 국민의 평가는 준엄합니다. 국민은 반성할 줄 모르는 모든 정치집단을 반드시 심판했다는 사실을 여의도는 기억해야 합니다.

2장

압축성장에서 압축소멸로…
대한민국의 지속가능성을 생각한다

"국가가 제시한 '우리도 한번 잘살아 보세' 이 한마디에 온 국민이 한 방향으로 달렸습니다. 국가 주도 압축성장의 결과로 국가와 사회의 부는 증가했지만, 반대로 개인을 지켜주던 각종 공동체가 해체되었습니다. 이제 국가가 나서서 '보편적 공동체 회복'으로 국민을 지켜줘야 합니다."

1

기본소득을 넘어 기본사회로!
보편 공동체 회복이 대안

대한민국은 가장 급속도로 성장한 나라다. 2차 세계대전 이후 식민의 역사를 극복하고, 한국전쟁이라는 초유의 비극까지 극복하고 가장 빠르게 근대화, 산업화, 민주화를 이룬 나라일 것이다. 이를 두고 '압축성장'이라고 한다. 그러나, 현재 한국 사회는 반대로 '압축소멸'의 길을 걷고 있다. 가장 빠르게 소멸하는 나라가 됐다. 세계에서 가장 낮은 출생률, 가장 높은 자살률, 가장 빠른 고령화까지 모든 것을 희생해서 앞만 보고 달리면 '천국'이 열릴 줄 알았는데, 도착하고 보니 '헬조선'이라는 푸념이 나온다. 더구나 지금의 청년세대는 단군 이래 가장 가난한 세대가 됐다. 그들은 스스로 자신들이 부모 세대보다 경제적으로 하락할 것으로 생각하는 세대이다.

왜 한국은 '압축성장'에서 '압축소멸'로 나락으로 떨어졌을까?

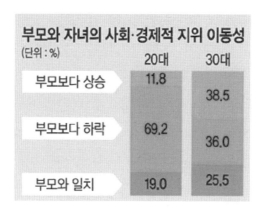

부모와 자녀의 사회·경제적 지위 이동성 (단위 : %)	20대	30대
부모보다 상승	11.8	38.5
부모보다 하락	69.2	36.0
부모와 일치	19.0	25.5

출처: 문화일보. 2021.8.23.

이 생각을 할 때마다 답답한 것이 사실입니다. '압축성장'이란 짧은 기간 동안 급격한 경제 성장이 일어난 것을 일컫는 말입니다. 보통 유럽 등 서방 국가들은 농업사회에서 공업사회로 전환하는데 100~150년이 소요됐지만 우리는 불과 50년도 안 걸리는 시간에 이것을 이뤘습니다. 그것도 전 세계에서 유일하게 초고속 압축성장으로 단기간에 서구 산업국가들을 따라잡았습니다.[1] 해방 이후 혼란과 6·25 전쟁으로 인해 국가 자원이 황폐해진 시기를 극복하고 세계가 부러워할 정도의 경제 규모로 고도 성장한 것은 '빨리빨리 문화'가 한몫하였고 '잘살아 보자'는 국민적 합의가 결합해서 이루어진 것입니다. 한편으론 친일 청산 실패, 기득권 고착, 인권 탄압, 노동권 제한 및 노동운동 탄압, 언론 통제, 역사 왜곡, 출산 억제와 저출생, 사교육 심화, 세계 최고 수준의 빈부 격차와 양극화, 구조적 임금 격차, 정규직과 비정규직 차별, 고령화, 기피 업종 기피 현상, 군사 주권의 상실과 종속화,[2] 수출 둔화 등 문제점들이 나타날 수밖에 없었습니다.

결국 수많은 희생을 겪고, 산업화의 성공으로 'GDP 세계 10위권 국가', '식민지에서 해방된 나라 중에 산업화와 민주화에 모두 성공한 유일한 나라'라는 타이틀을 얻었지만 반대로 '세계 자살률 1위', '청소년 자살률 1위', '한국 소득 불평등화 속도 OECD 2번째', '초저출생과 초고령화로 국가소멸 위기 1위'라는 결과를 얻었습니다. "앞만 보고 달렸는데 돌아보니 세상의 맨 앞"[3]이 아니라 "앞만 보고 달렸는데 고개를 들어보니 지옥"이라는 말이 한국의 압축성장을 상징한다.[4] 그러나 무엇보다 압축성장에서 우리가 잃어버린 것은 바로 '공동체'입니다. 상부상조하던 마을 공동체에서 끈끈한 정으로 뭉쳤던 가족 공동체가 줄어들더니 IMF 이후에는 그마저도 해체되어 각자도생의 시대가 돼 버렸습니다. 공동체가 지켜주지 못하는 개인을 국가가 지켜주는 것을 보편적 공동체라고 합니다. 국가 주도 압축성장의 결과로 국가와 사회의 부는 증가했지만, 반대로 개인을 지켜주던 각종 공동체가 해체되었으니 이제 국가가 나서서 '보편적 공동체 회복'으로 국민을 지켜줘야 한다는 목소리가 갈수록 높아지고 있습니다.

결국 압축성장, 그리고 이어지는 압축소멸에 대한 대안은 보편복지의 확장 즉, 보편적 복지행정의 강화에서 답을 찾을 수 있다고 생각합니다.

경기도에서 추진한 기본소득은 보편복지의 개념을 확장한 획기적인 정책입니다. 기본소득은 현재 아동수당, 청소년수당, 청년기본소득, 장병급여인상, 중장년 기본소득 그리고 노령연금까지 전 생애주기를 하나의 흐름으로 엮어주고, 소멸해가는 농촌, 꼭 필요하지만 소득이 줄어 사라질 위기에 있는 농어민, 대중에게 기쁨을 주지만 정작 본인은 생계조차 어려운 문화예술인 등 부문의 어려움을 보태서 '보편복지 공동체'가 회복되는 기본사회로 나아가고 있습니다.

핵심은 압축소멸로 가는 현 상황을 경제적 대책이나 캠페인 방식으로는 극복하기 힘들다는 것입니다. 우리는 280조 원을 쏟아붓고, 수많은 저출생 극복 캠페인에도 결과적으로 0.78%라는 세계 최저 출생율을 막지 못한 처참한 '저출생 대응'에서 이미 그 실패를 맛보았습니다. '보편복지 공동체'의 회복이야말로 압축소멸에서 벗어나 지속 가능한 공동체로 전환할 수 있는 유일한 출로입니다.

보편적 복지는 이 사회가 살아갈 가치가 있는 사회라는 인식을 심어줄 수 있도록 무엇보다 불평등 해소를 위해 사회, 경제, 노동, 교육, 문화 등 전 영역에서 나타나는 계층 간 격차를 해소하는 것입니다. 결국 보편적 복지는 공동체와 공동체 사이에 끊어진 사다리를 복원하여 자유롭게 이동할 수 있는 길을 열어주는 것입니다.

그동안 국가는 '땜질식 처방', '돈으로 모든 걸 해결할 수 있다'라는 식의 무의미한 재정 낭비로 압축성장의 후유증에 대처해왔습니

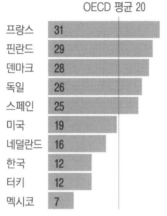

OECD 주요국 국내총생산(GDP)
대비 사회복지 지출 비율

2019년 기준, 단위: %, 자료: 자료: 국회예산정책처

OECD 평균 20

프랑스	31
핀란드	29
덴마크	28
독일	26
스페인	25
미국	19
네덜란드	16
한국	12
터키	12
멕시코	7

출처: 국회예산정책처

다. 근본적인 문제점을 외면한 결과 지역 공동체, 마을 공동체, 가족 공동체가 소멸하였고, 이는 결국 국가라는 최고 수위의 공동체 근간이 심각하게 흔들리는 문제로 나타났습니다. 다시 말해 대한민국은 압축소멸이라는 변곡점을 넘어섰는데, 그 변곡점은 바로 '공동체의 해체'로부터 시작된 것입니다. 따라서, 처방 역시 거기서부터 시작되어야 합니다. '보편 공동체'로서 국가가 제 역할을 하는 것입니다. 우리나라의 국내총생산(GDP) 대비 사회복지 지출 비중은 경제협력개발기구(OECD) 38개 회원국 중 최하위권인 34위입니다.

2023년 발표된 OECD 국가별 공공 사회복지 지출 순위에서 한국은 OECD 38개 회원국 중 34번째로 낮은 것으로 드러났습니다. 부끄러운 얘기지만 우리나라보다 순위가 낮은 나라는 멕시코, 칠레, 터키뿐입니다. 물론 2023년 기준으로 멕시코와 터키는 우리나라보다 GDP가 더 높습니다. 그럼에도 경제 규모로 보면 우리나라가 턱없이 낮다는 것을 부인하기 어렵습니다.

국가의 책무인 사회복지에 대한 투입을 확대하여 기본소득을 확대하여 '보편복지 공동체'를 지탱하고 확대해가는 것, 여기에 압축성장의 후유증 극복과 압축소멸의 대안이 있습니다. 복지는 국민에게 시혜를 주는 것이 아니라 헌법이 보장하는 국가의 의무, 다시 말해 선별적 복지는 특정 계층을 위한 시혜성 복지입니다. 보편적 복지는 헌법적 가치이면서 압축소멸을 방지하는 유일한 방안입니다.

민주당은 보편적 복지를 지향합니다. 민주당 강령 일부를 소개합니다.
"우리는 '공정, 생명, 포용, 번영, 평화'를 핵심가치로 삼아 '내 삶이 행복한 나라'를 만들 것이다. 사회적 약자를 존중하고 일하는 모든 사람의 노동권을 보장하며 보편적 복지를 추구하는 포용 사회를 실현한다."

기후 위기에서 기후 재난 대응으로
패러다임의 전환

올해 지구가 가장 더워졌다고 한다. 미국 애니메이션 '심슨 가족'에서 아들 바트가 이렇게 말한다. "올해는 내 인생 최고로 더운 여름이야." 그러자, 아버지 심슨은 이렇게 말한다. "올해는 너의 남은 인생에서 가장 시원한 여름이 될 거다." 기후 변화가 미래 세대에게 얼마나 암울한지 보여주는 장면이다. 한반도에도 하루 100mm가 넘는 비가 오는 것이 일상이 됐다. 2015년 세계기상기구(WMO)가 경고한 '뉴노멀'(new normal) 이 일상이 되었다는 걸 실감할 수 있다. 기후 변화는 이제 우리가 통제할 수 있는 범위를 넘어서 기후 위기에 대비해야 하는 상황까지 간 것 같다. 기후 위기에 관한 생각은? 그것에 대처하는 방향은 무엇이라고 생각하나?

───

세계 곳곳에서 실시간으로 기후 재난이 나타나고 있습니다. 만년설과 북극과 남극의 빙하가 사라지고, 불볕더위, 화재, 폭우, 산사태가 인간에게 기후 변화 심각성의 경고를 보내고 있습니다. '기후 위기' 대신 '기후 재난'이라고 지칭해야 합니다.

2022년에는 연간 100mm도 되지 않는 미국 라스베이거스에 하루 1시간여 만에 250mm가 넘는 폭우가 쏟아졌습니다. 여름 강우량이 8mm에 불과한 도시에 물 폭탄이 떨어진 것입니다. 2023년에는 네바다주 사막에서 열리는 '버닝맨' 예술 축제장에 76mm의 물 폭탄이 떨어져 사람들이 고립되고 사망자까지 발생했습니다. 한여름에 눈이 내리고, 한겨울에 열대성 폭풍이 치는 일은 이제 '일상'이 되었습니다. 그럼에도 왜 이런 상황이 개선되지 않을까요? 부끄럽지만, 가장 먼저, 우리나라를 포함 탄소 배출량이 많은 선진국들이 경제 논리를 앞세워 기후 위기의 심각성을 외면하고 있습니다. 가령, 중국 다음으로 탄소 배출량이 많은 미국의 도널드 트럼프 전 대통령은 기후 위기를 부정하고 있습니다.

트럼프는 기후 위기를 미국의 제조업 경쟁력을 약화하려는 '중국의 사기극'이라고 주장하고 있습니다. 미국은 탄소배출 2위 국가로 전 세계 배출량의 약 15%를 차지합니다. 그런데도 '눈앞에 기후 위기는 없다'라고 부정하는 어이없는 일이 벌어지는 것입니다. 이것은 강대국의 경제 논리 때문입니다.

윤석열 정부는 신한울 3·4호기 건설, 노후핵발전소 수명 연장, 임시

트럼프는 기후 위기를 부정하며 탄소 배출량 감소 정책을 반대한다.

출처: KBS 뉴스 화면

핵폐기장 건설 등 퇴행적 원전 정책을 남발하고 있습니다. 그 논리는 단 하나입니다. 원전이 재생에너지보다 싸다는 것입니다. 전기값을 낮추려면 어쩔 수 없다는 것입니다. 탈석탄-탈원전을 통해 RE100 시대를 열어야 하는 인류 공동의 노력을 '경제 논리'로 간단히 뒤집는 것입니다. 인간의 탐욕에 의해 지구가 병들고 기후 변화가 발생했음에도 그 근본 대책을 다시 인간의 탐욕에서 찾고 있는 것입니다.

분명히 말씀드리지만, 원전은 재생에너지가 아니며, 무엇보다 안전하지 않습니다. 원전이 싸다는 논리는 원전 유지 비용과 인류가 감당할 수 없는 핵 폐기물 처리 비용을 뺀 '사기'입니다. 기후 위기를 인류의 위기로 보고 넘어가야 하며, 그동안 자본주의 논리로 망가진 기후를 되돌려놓자는 '기후 정의'의 문제로 접근해야 합니다.

한 조사에 따르면, 조사 대상자의 4분의 1이 단 한 번도 기후 위기에 대해 누군가와 이야기해본 적이 없다고 합니다. 아무도 쉽게 꺼내지 못하는 문제가 되어 있는 것입니다. 물론 이를 불안을 회피하려는 집단 심리로 이해할 수도 있습니다. 당장 눈앞에 거대한 자연의 변화, 폭우, 폭풍, 폭설 그리고 그에 대해 속수무책인 인간의 무력감이 기후 위기를 피하고 싶었던 건지도 모릅니다.

어쩌면 우리 인류는 기후 위기 상황에서 '위기'를 극복할 시간을 이미 놓쳤을지 모른다는 생각이 듭니다. 기후 변화는 너무나 완연합니다. 자연은 거짓말을 하지 않기 때문입니다. 이제 사과의 주산지는 경상북도, 충청북도가 아니라 북한 황해도의 과일군입니다. 봄이 되면 제일 먼저 꽃이 피던 복숭아도 이제는 북한 개마고원에서도 수확할 정도로 북상했습니다. 4계절이 뚜렷하다고 우리나라의 계절 특성을 유치원생에게 아무리 설명해도 이해를 못 합니다. 왜냐하면, 여름 지나면 겨울이고, 겨울 지나면 여름이기 때문입니다. 봄과 가을이 있다고 하기도 민망합니다.

이렇듯 기후 위기에서 시작된 변화는 우리가 감당할 수 있는 수준을 넘어선 것 같습니다. 따라서, 이제 기후 위기를 극복하기 위한 노력도 중요하지만, 무엇보다 중요한 것은 기후 재난에 대비하는 것입니다. 한마디로 '예방'이라는 수비에 치중했다면, 앞으로 닥칠 거대한 기후 재난에 대비해야 합니다.

가장 대표적인 사례가 2022년 8월 9일입니다. 이날 동작구, 서초

강남역 폭우는 많은 패러디를 남겼다. (오른쪽) 강남역 폭우를 풍자한 패러디작품
출처: 머니투데이 2022년 8월 9일.

구, 강남구 일대에 시간당 141mm의 폭우가 쏟아졌습니다. 하루에 100mm가 넘는 비가 쏟아진 것입니다. 이 갑작스러운 비 때문에 강남역 일대 및 2호선과 신분당선 역이 전부 침수되었습니다. 그런데 여기서 제가 주목한 것은 대비였습니다. 강남역 일대는 상습 침수 지역으로 2012년, 2020년 계속 침수가 발생했던 지역입니다. 그래서 서울시는 2015년부터 2022년까지 1조 4천억 원의 예산을 투입하여 하수관 용량 확대, 선형 개선 작업, 반포 유역 분리 터널 공사를 진행했습니다. 그러나, 모든 하수시설 대책을 마치더라도 시간당 95mm의 폭우 기준으로만 설계되었습니다. 만약 그 이상의 폭우가 쏟아지면 여전히 침수의 위험이 있었다는 것입니다. 그런데, 시간당 95mm의 수치가 결코 적은 수치가 아니며 충분하다는 여러 가지 검증을 거친 수치라는 점입니다. 하지만, 기후 재난은 그 범위를 뛰어넘었습니다.

충북 오송 궁평 제2지하차도 참사도 마찬가지입니다. 이날 충청북도에 내린 비의 양은 400mm에 달했습니다. 미호강의 홍수 경보 수위는 8m인데, 이날 9.92m에서 범람한 것입니다. 이제 400mm가 아니라 600mm를 기준으로 홍수 경보 수위를 재조절해야 하며, 제방의 높이나 모든 대비 시설의 규격도 통상의 범위를 재조정해야 합니다. 이제 기후 위기가 아닙니다. 기후 재난입니다. 저는 모든 정책에서 개념 변화가 우선되어야 한다고 생각합니다.

다음으로 예방입니다. 지속 가능한 지구를 위해, 기후 위기를 극복하기 위해서는 가장 현실적인 방법은 온실가스 감축밖에 없습니다. 이미 탄소중립은 전 세계적인 흐름이며, 우리나라도 예외는 아닙니다. 그런데, 윤석열 정부는 어이없게도 탄소중립 목표를 하향 조정하였습니다. 그러면서, 차기 정부에는 고스란히 그 부담을 전가하는 전형적인 '폭탄 돌리기'를 하고 있습니다.

정부가 비록 탄소 배출량 목표치를 감소하고, RE100 등 수출에 직접 영향을 주는 중요한 사업에 무관심하더라도 더 이상의 '사회적 침묵'은 안 됩니다. 적극적으로 개선하도록 노력해야 합니다. 기업들의 ESG(환경·사회·지배구조) 경영을 적극 돕는 정책이 절실합니다. ESG 경영은 사회 참여나 사회 공헌이라는 측면도 중요하지만, 무엇

출처: 윤 정부 임기 내 온실가스 '찔끔' 감축...75%는 다음 정부로
한겨레. 2023년 3월 27일

보다 모든 기업에 아젠더에 '기후 정의'를 실천하도록 강제하는 데
그 의미가 큽니다. 소비자들도 ESG 기업 제품을 적극 이용하고 격려
한다면 100% 효과를 발휘할 수 있을 것입니다.

마지막으로 두 가지를 제안하고 싶습니다. 하나는 에어컨 사용 자
제입니다. 실제 유럽 국가들 특히, 프랑스나 독일 등은 우리나라보다
더운 날씨에도 불구하고 에어컨을 거의 사용하지 않는 문화가 자리
잡고 있습니다. 대다수 건물이 100년도 넘은 오래된 건물이라서 그
런 이유도 있지만 무엇보다 더 중요한 것은 기후 재난을 함께 극복
하려는 마음입니다.

다음으로는 자동차 문제입니다. 이미 자동차 기업들은 화석연료

기반 내연기관 자동차를 더 이상 만들지 않겠다는 계획을 속속 발표하고 있습니다. 문제는 배터리 문제로 아직 전기차 가격이 비싸다는 것입니다. 특히 경차보다는 중형차, 세단형보다는 SUV 등 다목적 차량을 선호하는 우리나라 소비자들의 특성을 고려할 때 무작정 비싼 전기차를 강요하기 어렵습니다. 그래서 대안으로 제시하는 것이 바로 출퇴근 등 일상생활에서 자유롭게 사용할 수 있는 친환경 전기 자전거의 보급입니다.

전기 자전거 전용도로(자전거와 겸용)를 대규모로 건설하여 교통 인프라를 구축하고, 전기 자전거용 배터리는 충전 교환식으로 개발하여 누구나 쉽게 충전 배터리를 구할 수 있게 하고, 값싼 보급형 전기 자전거를 개발하여 전국적으로 보급한다면 빠르게 전기 자전거가 대안 교통수단으로 자리 잡을 것입니다.

캠핑이나 야외 활동용 차량은 SUV 등을 사용하되 도심 출퇴근은 전기 자전거가 대세가 된다면 탄소 배출량을 획기적으로 줄일 수 있을 것입니다. 이제 인류는 기후 위기를 넘어 기후 재난에 대비해야 합니다.

유럽은 이미 자전거, 전기 자전거가 대중교통수단으로 확고히 자리 잡았다.

출처: 구글 이미지

경기도에서는 기후 위기 극복의 대안적 모델을 어떻게 만들 수 있을까요?

———

에너지를 얻기 위해 사용되는 화석연료가 기후 온난화의 주범이지만 일반 가정과 산업 현장에서 주로 사용하는 에너지도 석탄, 석유, 천연가스 등을 사용하여 만들어집니다. 세계 에너지의 약 80% 정도가 화석연료를 공급받아 사용하고 있습니다. 이를 대처할 만한 신재생에너지가 없다는 것이 문제입니다. 지구 온난화와 기후 변화를 막기 위해서 온실가스 감축이라는 문제 해결을 위해 탄소 배출형 에너지원의 축소, 재생에너지 사용 확대를 병행해야 합니다. 이 방향에서 정책적 대안을 제시합니다.

첫째, 경기도에서 경기도형 RE100을 만들어 100% 재생에너지로 생산되는 제품과 회사에 대해 압도적으로 차별화된 유인책을 제공해야 합니다. 이런 유인책을 위해 탄소중립 펀드를 현행 1,030억 원 규모에서 3조 원 이상 확대해야 합니다. 탄소중립 펀드를 활용해 재생에너지로의 전환을 위한 금융 패키지 지원, ESG 경영 확립을 위한 컨설팅을 제공하고, 경기도 자체적으로는 재생에너지 기반시설 구축 예산에 대폭 투입해야 할 것입니다. 이를 통해 탄소 배출형 경제에서 탄소 중립형 나아가 탄소 저감형 경제로 전환해야 합니다.

둘째, 인구 1,400만 명이 살고 있는 경기 메가시티 교통망 구축입니다. 인구 100만이 넘는 대규모 도시가 즐비하고, 50만이 넘는 도시도 많습니다. 그리고, 3기 신도시 등 새롭게 신도시가 건설 중입니다. 경기도부터 도심 교통 체계의 혁신을 통해 자동차의 화석연료 사용을 감축해야 합니다. 우리가 많이 이용하는 교통수단에 의한 화석연료 사용으로 기후 위기의 주범이 온실가스가 대량으로 배출되기 때문입니다. 경기도만 바뀌어도 교통수단에 의한 탄소 배출량을 획기적으로 절감될 것입니다. 무엇보다 값싼 보급형 전기 자전거를 보급하는 것이 적극적으로 검토해야 합니다. 전기 자전거는 인간의 힘과 전기의 힘을 동시에 사용하기 때문에 전기 오토바이에 비해서도 훨씬 친환경적입니다. 전기 자전거가 일상의 교통수단이 되려면 전기 자전거 전용도로의 확충 등 교통 인프라가 갖춰져야 합니다. 최소한 도시 안에서 이동할 때는 전기 자전거가 상용 교통수단이 되도록 해야 합니다.

한편, 동탄 신도시에 시범적으로 '노면전차(트램)'가 설치되어 운영

될 예정입니다. 전기를 이용하여 탄소 중립에 적합하며, 버스보다 이용 분담률이 높은 노면전차는 대안 교통수단으로 중요한 의미를 갖습니다. 동탄 신도시 노면전차가 성공되도록 지원하고, 이 성공을 바탕으로 전체 신도시로 확산시켜야 합니다.

셋째, 탄소 배출 억제를 위한 또 하나의 중요한 방안으로 스마트 물류 모빌리티 클러스터를 조성해야 합니다. 지금은 '택배의 시대'입니다. 택배를 위한 물류 산업의 스마트화, 그리고 친환경 모빌리티 적용은 중요한 의미를 갖습니다. 이미 경기도에 축적된 빅데이터 연구 자원을 경기도 물류 산업에 접목해야 합니다. 경기도가 하루 소화하는 물류량은 전국에서 가장 많으며 그 규모는 다른 시·도를 압도합니다. 따라서, 경기도 물류 시스템에서 RE100의 전면 도입은 커다란 기여가 될 것입니다.

넷째, 31개 시군에 수요 응답형 버스 운행을 확대해야 합니다. AI를 활용하여 최적으로 노선을 선정하고, 수요가 있을 때 반응하도록 한다면 경기도 외곽의 교통 수요가 많지 않은 지역에 적절한 교통 제공 및 불필요한 노선 순환으로 인한 탄소 배출도 줄일 수 있습니다.

다섯째, 기존의 내연기관 교통수단의 사용을 서서히 줄여나가는 정책도 병행되어야 합니다. 탄소 배출형 내연기관 자동차의 경우 시민의 이용 실적에 따라 차등 지원을 하여 내연기관 승용차 사용을 억제하는 정책도 함께 추진해야 합니다.

여섯째, 아울러 화학비료를 사용하지 않는 친환경 농업도 확대해야 합니다. 물론 이 부분이 절대적인 부분이나 많은 양을 차지하지는 않습니다. 그러나, 작은 실천도 소중합니다.

마지막으로, '경기도형 온실가스 배출권 거래소'를 설치해야 합니다. 경기도 지역 기업들의 온실가스 감축 실적에 따라 기술과 예산을 차등 지원하여 온실가스 감축을 적극적으로 실천할 수 있도록 지원해야 합니다. 이것은 다른 의미에서 ESG 경영을 지원하는 것입니다.

3

바보야! 문제는 대학 서열이야

대학 연구 전문가 마틴 트로는 대학 교육 단계를 학령 인구 중 대학생 비율을 기준 삼아 15% 정도 대학을 진학하면 '엘리트형', 50%까지 진학하면 '대중형' 그리고 50% 이상 진학하면 '보편형'으로 구분하였다. 한국은 1995년 51.4%를 기점으로 폭발적으로 상승하여 2005년 '82.1%'를 기록하여 대중형을 넘어 보편형으로 바뀌었다. 2020년대 평균 72% 정도로 완전한 보편형이다. 그러나 문제는 대학 교육의 보편화가 '교육 지옥'을 완화한 게 아니라 더 심화시켰다는 것이다. 한국만 왜 교육 지옥인가? 그것은 모든 학생이 서울에 있는 SKY+의대에만 진학하고 싶어 하기 때문이다. 이들만이 사회적 지위를 보장해주고 나머지는 지위를 보장해주지 못한다. 이를 가리켜 김종영 교수는 오로지 SKY에 들어가는 것이 지위 권력을 획득할 기회가 되는 '단일 기회 구조' 사회이며 사실상 결투의 최종 승자만이 살아남는 '전사 사회'와 같다고 진단한다. 지독한 대학 서열화와 부모 경제력에 좌우되는 사교육이라는 두 가지 문제로 가장 불공정한 입시가 되어버린 '교육 지옥' 한국을 바꿀 대안은 무엇인가?

———

2023년 6월 26일 교육부는 '사교육 경감 대책'을 발표했습니다. 윤석열 대통령의 '교육 카르텔' 한마디에 사교육이 마치 대한민국 입시 지옥을 만든 주범처럼 돼 버렸습니다. 그런데 이것은 인과 관계가 완전히 뒤집힌 것입니다. 원인과 결과를 거꾸로 생각하니 답이 나올 리가 없습니다.

윤석열 정부 교육 카르텔과 교육 정상화 개념 비교

출처: 저자 작성

윤석열 정부는 사교육 시장이 입시에 개입하면서 '초고난도 문항' 같은 수법으로 입시를 어렵게 만들어 입시 지옥을 만들었다고 주장합니다. 따라서, 사교육과 결탁하여 입시 지옥을 만들고 있는 교육 카르텔을 혁파하면 교육이 정상화될 것이며 그 혜택은 사교육비 절감으로 국민에게 돌려질 것이라고 주장합니다.

그러나, 이것은 전제부터 틀린 것입니다. 대한민국은 모든 국민이 인정하듯 학벌주의 사회입니다. 학벌주의는 '지위경쟁이론'으로 쉽게 설명할 수 있습니다. 막스 베버는 한 사회에서 지배계층은 계급, 지위, 당파 이렇게 세 가지의 차원에서 다층적으로 존재하며, 경제력을 바탕으로 한 계급적 지배, 지위를 통한 문화적 지배, 그리고 당파를 통한 정치적 지배가 있다고 분석했습니다. 사회 내에서 계층 간 싸움을 한마디로 '지위 경쟁'으로 설명하였는데, 이 지위 경쟁은 사회적 폐쇄를 기본 바탕으로 한다고 주장하였습니다. 예를 들면, 명문대를 나온 사람들은 명문대 출신이란 지위를 통해 사회를 지배하는 '지위'를 누리기 위해 비명문대 출신들을 자신들과 구분하고, 자기들 무리에 들어오지 못하게 막는다는 것입니다. 지위 경쟁의 가장 큰 특성은 '구분 짓기' 행위입니다. 이런 지위 경쟁은 같은 성격의 집단 안에서도 끊임없이 벌어집니다.

최근 한 보도에 따르면, 한국에서 학벌주의를 상징하는 '과잠(학과명이 새겨진 점퍼) 입기'라는 독특한 문화가 있는데, 서울대 안에서 그 '과잠'의 왼쪽에 출신 고등학교를 표기하는 게 유행이라고 합니다. 이제 같은 서울대 안에서도 지위 경쟁이 일어나는 것입니다. 서울의 명문고, 가령 하나고, 휘문고 등과 다른 고등학교에 대해 '구분 짓기'를 시도하는 것입니다. 지위 경쟁은 필연적으로 명문대와 비명문대를 구분하고 이를 학벌주의라고 표현할 수 있는 것입니다.

한국의 학벌주의가 얼마나 대단하냐면 인기리에 방영된 '재벌 집 막내아들'을 보면 국내 최고의 기업 '순양' 회장에게 주인공이 거래

하자고 제안합니다. 그러자 순양 회장은 "내가 가지지 못한 것을 니가 가져야 거래가 된다"라며 "그런데 내가 없는 게 있는 것 같나?"라며 반문합니다. 그러자 주인공은 "서울대 법대 입학이요"라고 답합니다. 그러자, 순양 회장이 "맞네, 돈으로도 살 수 없는 그것"이라고 답합니다. 극적 각색이 있었겠지만, 한국 사회에서는 재벌도 돈으로 사지 못하는 것이 학벌이며, SKY 출신이라는 지위는 지위 경쟁에서 절대성을 갖습니다.

특히, 대학 진학률이 70%에 육박하게 된 요즘 대학 학위 자체를 둘러싼 지위 경쟁의 중요성은 떨어졌습니다. 2000년대 이후 대학 졸업장의 가치가 하락했습니다. 대신 명문대 선호 현상이 급속하게 증가했습니다. 이제 지위 경쟁에서 대학 졸업이라는 지위는 명문대 졸업이라는 지위로 옮겨진 것입니다. 대학 교육이 보편화되면 입시지옥이 완화될 것이라는 소망은 한낱 헛된 꿈이었습니다.

문제는 한국 사회에서는 명문대의 지위 권력이 독점화되었다는 것입니다. 지위를 공급하는 이른바 '지위재'는 물질재가 풍부하고 지위재의 공급이 고정되어 있다면 지위재의 가격은 상승합니다.[5] 대입 학령 인구수가 대학 입학 정원보다 적어도, 결국 지위 권력을 독점하고 있는 명문대의 수가 한정적이라면 경쟁은 더욱 치열해질 수밖에 없습니다. 지위 경쟁 사회인 대한민국에서 사람들의 욕망은 이른바 SKY로 대표되는 명문대로 향하게 되는 이유입니다.

이는 공정과 불공정의 문제가 아닙니다. 자꾸 '공정한 입시'를 얘기하는데, 이미 한국의 입시는 충분히 공정합니다. 누구나 노력만 하면 명문대에 갈 수 있는데 뭐가 공정하지 못합니까? 문제는 갈 수 있는 명문대의 수가 턱없이 부족한 것입니다. 초고난도 문항이 마치 불공정한 입시 같아 보이지만, 초고난도 문항이 없어도 어떤 식으로든 변별력을 만들어 명문대 입시는 아무나 갈 수 없게 만드는 것이 현재 대입 시스템이고, 그것 때문에 입시지옥이 생기는 것입니다. 사교육이 원인이 아니라 대학 서열화와 특정 지역(강남)에서 명문대 입시를 독점하는 것이 입시지옥의 원인입니다. 대학 서열화를 완화하지 않으면 입시지옥은 계속될 수밖에 없으며 공정한 것처럼 보이지만 절대 공정하지 않은 입시가 계속될 것입니다. 대학 서열화를 완화한다는 것은 명문대의 수를 늘리자는 것입니다.

'명문대의 수를 늘리는 것이 인위적으로 가능한가?'라는 반문이 가능합니다. 그렇다면 명문대와 비명문대의 차이는 뭘까요? 가장 대표적인 것은 바로 교육 예산입니다. 서울대학교의 예산은 2018년 기준으로 약 1조 5,000억 원으로 싱가포르 국립대 2조 7,245억 원은 물론 도쿄대 2조 1,020억 원에도 훨씬 못 미치는 것으로 나타났습니다. 넘사벽이라고 할 수 있는 스탠퍼드 7조 6,000억 원, 하버드 6조 2,000억 원 예일 4조 9,000억 원은 아예 비교 불가입니다.[6] 서울대가 외국 대학에 비해 낮은 평가를 받는 것은 다 예산의 부족에 기인합니다. 현재 서울대 순위는 100위권 밖입니다. 그런데 문제는 국내로 돌아오면 그 심각성이 더 크다는 것입니다. '지거국(지방거점국립대학)'이라는 부산대는 2020년을 기준으로 했을 때, 7,844억 원, 경북대 5,806억 원, 전남대 5,289억 원에 불과합니다. 종합대학이 도쿄대나 싱가포르대학의 단과대학보다도 못한 재정을 갖고 있습니다.

서울대도 외국 대학과의 경쟁에서 밀리는 상황에서 지방거점 국립대학이라는 국립대학들의 상황은 참담하기까지 합니다. 예산이 적다는 것은 우수 교원을 확충할 예산의 부족, 우수한 교육을 담보할 시설의 부족, 연구 중심대학으로써 연구를 수행할 수 있는 기초 준비가 낮다는 것을 의미합니다. 이러니 지방 대학들이 소멸해가는 것이고, 그나마 명문대라고 볼 수 있는 SKY로 집중되는 것입니다. 명문대를 늘리지 않고서 아무리 사교육 카르텔 혁파를 부르짖어야 소용 없는 일입니다.

그렇다면 정책적 대안은 무엇일까요? 저는 크게 세 가지를 제시합니다.

첫째, 교육개혁 핵심은 대학 서열 완화입니다. 이것이 모든 것의 입구이자 출구입니다. 한때 '서울대를 폐지하면 대한민국 교육의 모든 문제점을 해결할 수 있다'는 말이 유행한 적이 있었습니다. 서울대 독점의 교육이 그만큼 불공정하다는 의미입니다. 위에서 언급했듯이 서울대의 예산은 도쿄대의 절반입니다. 그 서울대 예산의 절반이 부산대, 전남대 등입니다. 이 구조를 완전히 바꾸어야 합니다. 서울대에 대한 투자를 강화하여 도쿄대 수준으로 획기적으로 강화하고, 거점 국립대를 현재 서울대 수준의 예산으로 증액해야 합니다. 거점 국립대학을 '연구 중심 대학'으로 지정하고, 과감한 재정지원을 통해 교원의 질, 교육 시설의 질, 교육 지원시설의 질적 수준을 수도권 주요 사립대학 이상으로 끌어 올려 양질의 교육을 받을 수 있게 한다면 대학 서열화, 독점화는 크게 완화될 것입니다.

지방대에 투자해서 얼마나 학생이 몰릴 것이냐를 고민하기 전에 먼저, 거점 지방 국립대에 과감한 투자가 선행되어야 합니다. 명문대를 줄이거나 없애 평준화하자는 것이 아니라 선택할 수 있는 명문대를 늘리자는 것입니다. 대학이 완전히 평준화된 독일 등 유럽식으로 가기에는 우리의 현실이 너무 멀리 왔습니다. 그렇다면 미국처럼 전국에 우수 명문대를 많이 만들면 됩니다. 미국은 전 세계적으로 유명한 대학 외에도 명문으로 불리는 약 60~70개의 대학이 존재합니다. 그만큼 대학입시가 치열하지 않을 수 있다는 얘기입니다.

이렇게 명문대를 지방 국립대 중심으로 늘리게 되면 사교육비 부담 없이 아이를 키울 수 있는 환경이 조성됩니다. 지방에서 공부하는 학생이 당당히 지방 명문대에 진학할 수 있으며 그것을 자랑스럽게 여길 것입니다. 여기서 한발 더 나아간다면, 수도권에 있는 주요 사립대학교를 국가 균형발전 차원에서, 더 나아가 지방소멸을 억제하는 차원에서 지방 이전과 함께 연구 여건을 조성할 수 있는 재정을 지원하여 대학 서열의 완화를 시킴과 동시에 사교육비 절감을 유도하여 질 좋은 공교육 정상화를 도모할 수도 있을 것입니다. 명문대를 더 많이 만드는 정책은 지방소멸을 막고, 국토 균형발전을 추구하는 데도 적합합니다.

둘째, 요즘 사회는 '개천에서 용이 나올 수 없는' 교육 시스템이라고들 합니다. 공정한 경쟁이 아닌 부모의 재력과 지위 권력이 대물림되는 시스템이라는 의미일 겁니다. 1980년 정부가 추산한 초·중·고생 사교육 참여율이 6%였는데, 2022년 사교육 참여율이 78.3%로 추산하고 있습니다. 사교육은 결국 부모의 재력으로 지위 경쟁에서 이기는 시스템으로, 불공정의 온상입니다. 이런 의미에서 사교육을 억제하는 것은 국가의 기본 책무입니다. 대학 서열화를 완화함과 동시에 사교육을 억제할 방안이 필요합니다.

서울시에서 추진하여 큰 호응을 얻은 '서울런'을 생각해 보지 않을 수 없습니다. 요즘은 이른바 '인강'이라고 하는 수업 형태가 잘 발달되어 있습니다. 아기 때부터 유튜브를 즐겨보던 아이들은 이제 현장 강의보다 인강에 더 큰 매력을 느끼는 실정입니다. 이런 세대 특성을 감안하여 저소득층 누구나 손쉽게 질 좋은 인강을 청취할 수 있게 한다면 사교육비 격차로 인한 교육 불평등을 어느 정도 완화할 수 있을 것입니다. 인강은 학교 수업의 보조 수단이므로 기준을 명확히 하여 경기도판 '서울런'을 만든다면 사교육비 경감에 큰 효과가 있을 것입니다.

셋째, 우리 아이들은 대학 서열화, 지역 독점화로 인해 학교 교육을 통해 인격을 갖춘 존엄한 인간으로 성장하기보다는 심각한 경쟁부터 배우는 불행한 세대입니다. 지위 경쟁을 과도하게 유발하는 현 교육 시스템에서 아이들은 점차 친구가 없어지고 있으며, 또래 친구들과 어울려 노는 법을 잃어버리고 있습니다. 그리고, 자기들끼리 해결할 수 있는 문제도 스스로 해결하지 못하고 부모가 개입하고, 결국 법이 개입하여 학교 현장이 선생과 제자, 학생과 학생이 문제 해결의 주체가 아닌 공권력과 법률에 따라 강제되는 지경이 되고 있습니다. 이런 현상들이 커지고 넓어지면서 점차 지역 또는 마을 공동체가 소멸되는 하나의 원인도 되고 있습니다. 과도한 경쟁보다 정의롭지 못한 경쟁이 문제이듯 입시 지옥보다 불신 지옥이 더 큰 불행입니다. 이를 바꾸는 교육개혁이 절실합니다.

친구들과 경쟁을 유발하는 상대평가를 지양하고, 각자 자기 적성에 맞게 공부하고 어울릴 수 있도록 절대평가를 확립해야 합니다. 초등학교부터 다양성을 배우고 나와 다름을 공유하고 상대를 존중할 수 있는 토론 위주 교육이 될 수 있도록 교육 체계를 바꿔야 합니다. 이미 시행 중인 고교학점제를 완전히 안착시켜 암기식 교육에서 벗어나 자기 적성과 취향에 맞는 교과를 찾고 배울 수 있도록 해야 합니다. 이를 통해 자기의 가치 나아가 사람의 가치의 중요성을 배울 수 있는 존엄한 인간을 키우는 교육의 본래 목적을 달성할 수 있을 것입니다.

넷째, 반칙과 특권이 없는 공정한 교육 시스템을 정착시키기 위해서는, 우선 기울어진 운동장을 바로 세우는 것이 중요합니다. 부모의 재력, 지위가 개입할 수 있는 자사고, 특목고, 외고 등을 일반고로 전환하기로 한 사회적 합의가 반드시 지켜지도록 더 노력해야 합니다. 아울러 부모의 재력과 직업을 대물림하는 도구로 전락한 로스쿨 제도를 개혁해야 합니다. 필요하다면 사법시험 제도를 보완하여 재추진하는 것도 고려해야 합니다. 무엇보다 중요한 것은 최근 5년간 신규 임용된 법관들의 출신 대학 중에서 SKY 출신이 80%가 넘는 현실을 시정하는 것입니다.[7] 사법 시스템이 한 지위 계층으로 독점화되는 것도 문제지만, '좋은 부모 밑에서 좋은 환경에서 공부만 한 사람이 과연 어려운 처지인 사람들을 얼마나 이해할 수 있느냐'는 심각한 질문이 나올 수밖에 없습니다. 대법관 후보자가 800원 횡령한 버스 기사를 해고해도 좋다고 판결한 것이 바로 대표적인 사례일 것입니다. 그런 만큼 사법 시험제도가 무리한 제도인 것을 충분히 알지만 당장 대안이 없다면 부활하는 것도 고려해야 한다고 생각합니다.

다섯째, 김창환과 신희연의 연구에 따르면, 상위 계층의 자녀들은 수시, 정시 어떤 유형의 입시 유형에도 하위 계층 자녀보다 유리했다고 합니다. 하지만 상위 계층이 가장 유리한 전형은 논술이고, 그다음은 수능, 마지막이 학생부 종합전형이었다고 합니다. 그럼에도 한국 사회에서는 조국 사태 이후에 정시라는 입시 제도가 기득권층에 유리하다는 인식이 팽배합니다. 최근 한동훈 법무부장관 자녀는 고등학교 1학년 동안 논문 5편과 전자책 4권을 내서 논란이 되기도 했습니다.

이처럼 교수 부모의 지위를 이용해 논문 공동 저자로 등록되거나, 조교, 연구보조원 등으로 등록되거나, 각종 인턴 활동으로 등록되어 입시에 유리하게 적용되는 이른바 '금수저 전형'은 없어져야 합니다. 학교생활과 자기 적성에 맞는 활동을 통해서 누구나 수시 전형에 합격할 수 있도록 제도를 보완해야 할 것입니다.

정시가 상위 계층 자녀들에게 유리한 제도임에는 분명하지만, 다수 국민이 정시 확대를 요구하는 만큼 어느 정도의 정시 확대는 불가피합니다. 다만, 대학 서열화가 완화되는 혁명적 조치가 병행된다면 학교 교육이 수능이라는 평가에 종속되어 공교육이 망가지는 악순환은 순화될 것이라고 믿습니다.

결론적으로 입시는 대학 서열화의 종속변수라는 점을 잊어서는 안 됩니다. 입시지옥을 없애겠다고 입시 제도만 손보는 것은 임시방편에 불과하며, 원인과 결과를 뒤집는 것입니다. 궁극적으로 입시 제도는 수능과 같은 시험보다는 미래 창의적 인재 육성을 위해 고교학점제의 확대와 토론식 교육체계로 개편하여 장기적으로는 소통 능력, 사회적 책임감, 절대평가 등으로 대학 입학이 가능한 형태로 발전해야 할 것입니다.

경기도의 교육 이슈는 주로 동서, 남북 간의 교육 격차 해소라고들 한다. 이에 대한 대안은 무엇인가?

현재 교육부는 국가교육 책임제 강화를 강조하고 있습니다. 좋은 말입니다. 당연히 국가가 교육을 책임져야 합니다. 교육이 백년지대계 (百年之大計)라는 의미에서 '국가교육회의'를 출범시켜 주요 국가 교육정책을 논하고 있는 것 아니겠습니까? 그런데, 그 국가교육회의에 교육과 관계없는 이념 편향적인 인사들이 들어가서 우리 교육을 온통 이념화하려고 혈안이 되어 있다고 하는 데 매우 유감입니다. 한편 교육부는 "초고난도 문항을 제거하라"라는 대통령 지시 사항을 이행하기 위해 수능을 불과 6개월 앞두고 입시 판을 흔들고 있습니다. 이는 국가교육 책임제와도 맞지 않고, 공교육 정상화와도 맞지 않습니다. 정부가 할 일은 국가교육 책임제에 걸맞게 제정을 지원하여 교육의 질적 향상을 추구하는 것입니다.

제가 생각하는 경기도 교육 문제와 대안은 다음과 같습니다.

첫째, 경기도는 동서, 남북 간의 교육 격차가 가장 큰 문제입니다. 이는 주민들의 소득 수준과도 밀접히 연결된 문제라 종합적인 대책이 필요합니다. 교육 격차 해소를 위해 이미 주장하였듯이 '경기도판 서울런'을 적극적으로 추진하여 교육 격차가 심각한 경기 동북부 지역 학생들은 소득 수준과 상관없이 모두 참여할 수 있도록 개방한다면 정책 효과를 더 낼 수 있을 것입니다.

둘째, 경기도는 도심지역은 과밀학급 문제 해소가 급선무인 데 반해 농촌지역과 구도심 지역은 학생 수 감소로 인하여 정상적인 교육권과 학습권이 무너지는 복합적 문제를 안고 있습니다.

도심지역 학교와 농촌지역 학교는 서로 사정이 다르며, 이에 대한 처방도 달라야 합니다. 또, 도심지역의 과밀학급 문제도 과밀학급 하나만 봐서는 안 됩니다. 왜냐하면, 우리나라의 인구는 갈수록

미래 학교의 모델로 알려진 신길중학교 사진. 공간의 분리와 결합,
효율적 재배치가 인구소멸 시대 학교의 미래상이다.
출처: 신길중학교 홈페이지

줄어들어 이제 초등학교 수를 절반으로 줄여야 하는 상황이 오기
때문입니다.

　인구감소 지역의 농촌학교, 인구 과밀 지역의 신설 학교 서로 다른
문제 같지만, 기술적으로는 하나의 문제입니다. 학교의 기능이 예나
지금이나 지역 공동체의 중심이라는 것입니다. 다만, 학생들의 학습
공간과 지역 커뮤니티 공간은 엄격히 분리되어야 하고, 그렇게 운영
되어야 합니다.

　하지만, 인구소멸 시대에 농촌에 있든지 도시에 있든지 어떤 학교
도 결국에는 소멸하거나 축소될 수밖에 없다는 인식하에 학교를 신
·증축, 개·보수할 때 지역 공동체와 학교가 공동으로 사용할 공간
과 학생들의 학습 공간을 적절히 결합해서 건설한다면 학교 개수를

가지고 싸우는 일은 없을 것입니다.

    가령, 운동장은 지역 공동체와 공유의 공간, 그 지하는 주차장으로 개방하도록 하고 강당과 체육관, 급식용 식당, 각종 회의실 등은 지역과 공동으로 사용할 수 있게 넉넉하게 짓되, 주중 수업 시간에는 엄격히 통제되어 아무나 들어오지 못하게 분리 설계하고, 마지막 오롯이 선생님과 학생들의 공간인 교실, 교무실, 연구 및 실습실은 철저히 분리하여 학교 구성원이 아니면 출입할 수 없도록 짓는다면 농촌 학교나 도심 학교나 상황에 따라 다양한 용도로 전용할 수 있으므로 신축, 개축 등이 자유롭게 될 수 있을 것입니다.

    셋째, 경기도 학교의 공교육 정상화를 위해서는 교권 보호를 확실히 하고, 학생들의 기초학력을 올리고, 토론식 수업을 통한 인성교육을 강화하고, 취업에 맞는 맞춤형 현장 교육을 시행해야 합니다. 또, 경기도민의 정체성을 확립하기 위해 과감하게 '경기도 역사 배우기' 과목을 창의적 체험활동(창의적 체험) 시간에 포함할 것을 제안할 것입니다. 경기도는 천년의 고유한 역사와 고유한 문화가 수없이 많이 있습니다. 이를 활용하여 경기도민의 정체성을 키우기 위한 교육을 한다면 지역 공동체에 미치는 영향이 지대할 것입니다.

    인문 교육뿐만 아니라 경기도는 1차 산업인 농업부터 4차 산업인 최첨단 산업까지 골고루 분포되어 있기에 교육 현장은 이를 바탕으로 취업을 준비하는 학생들에게 맞춤형 지원을 할 수 있는 시스템을 구축할 것입니다. 영화 '다음 소희' 중에서 "현장 실습 나온 학생이 죽었는데 누구 하나 내 탓이라고 하는 사람이 없어"라는 대사가 주는 의미는 기성세대가 만들어놓은 사회의 무관심을 없애서 제2의 다음 소희가 나오지 않도록 철저히 관리해야 한다는 것입니다.

넷째, 미래를 준비하는 교육의 문제입니다. 경기도는 혁신 교육의 발상지입니다. 2010년 김상곤 교육감이 첫 진보 교육감으로 취임한 이래 혁신 교육을 주창해서 전국적인 모범으로 만든 곳입니다. 이제 혁신 교육은 미래 교육으로 발전되어야 합니다.

미래 교육이란 AI와 무한대의 기술 개발이 이뤄지는 미래 사회에서도 인간으로서의 존엄을 지키며 살아갈 힘을 키우는 것이 교육입니다. 쉽게 말하면, 학교를 학습자가 자기 삶과 앎을 연계하는 구심점으로 삼도록 만드는 것입니다. 지식 습득의 장이 아니라 문제 해결 능력을 키우는 장이 되도록 해야 하며, 교과와 틀을 넘어 다양성과 개방성을 갖추어야 합니다. 경기 교육이 미래 교육을 선도하려면 상대방의 의견을 존중하는 태도와 다른 사람의 의견을 듣고 수용할 수 있는 개방성을 갖춰야 합니다.

다섯째로 보육 문제입니다. 경기도는 젊은 인구가 계속 유입됨에 따라 보육과 교육 문제가 중요한 이슈로 떠올랐습니다. 특히 0~5세 영유아의 보육을 책임지는 어린이집과 유치원의 소관 부처가 서로 달라 지원에 있어서 많은 차등이 발생합니다. 이를 두고 '아이 때부터 국가로부터 차별받는다'는 푸념이 나올 정도입니다. 이뿐이 아닙니다. 인구 감소로 유치원과 어린이집 폐원이 줄을 잇고 있습니다. 그러다 보니 어떤 지역은 심각한 실정입니다. 부모가 아이를 낳았는데 맡길 곳이 없어 직장을 그만두고 심지어 사는 곳을 옮겨야 하는 웃지 못할 상황까지 벌어집니다. 어린이집·유치원을 통합하면 이런 문제는 크게 완화할 수 있습니다.

문제는 유보통합을 관장해야 할 정부 부처가 교육부와 보건복지부로 이원화되어 명확한 책임 소재 없이 초·중·고와 유아교육뿐 아니라 국공립과 사립유치원·어린이집 사이의 교육 격차, 교사 복리후생 격차 등 교육과 돌봄 상황은 더욱 악화된 것입니다. 그나마 정부가 2023년 7월 로드맵을 발표하고 10조 원에 이르는 복지부 산하 영유아 돌봄 예산과 조직을 2025년까지 교육부, 교육청으로 이관하기로 했습니다. 늦었지만 다행한 일입니다.

문제는 교사들의 반발입니다. 교사들은 "학교에 '급식'이 들어오고, '돌봄'이 들어오면 이제 마지막으로 '노인 돌봄'만 들어오면 다 들어오는 셈"이라는 푸념 섞인 목소리가 나옵니다. 당연합니다. 학생을 가르치는 것만으로도 벅찬 현실에서 거기에 돌봄까지 책임지라는 것은 너무 과도할 수 있습니다. 이런 문제를 해결하는 데 가장 적임은 바로 지방정부입니다. 지방정부의 조직은 이런 문제를 잘 해결할 수 있습니다. 마침 정부도 유보통합을 운영하는 통합기관을 구축한다고 하니, 이 통합기구에 지방정부와 교육청이 협업하는 구조를 잘 만든다면 충분히 해결책이 나올 것으로 생각합니다. 유보통합이 선생님들의 부담을 늘리거나 교육청의 기본 업무를 넘는 것은 결코 반대합니다. 그러나, 유보통합은 학교와 지역사회 모두가 인구소멸 시대를 헤쳐나가는 유일한 방법이라는 점을 모두가 유념했으면 좋겠습니다.

4

누구나 노력하면 성공할 수 있다는 믿음, 다시 중산층 중심 사회로

한국은 중산층이 두터운 국가였다. 1990년대 중위소득 기준에 해당하는 '객관 중산층'은 74%에 이르렀고 설문조사에서 자신이 중산층이라고 믿는 '주관 중산층'은 75%에 이르렀다. 하지만 IMF와 2008년 금융위기를 겪고 점차 '단일 기회 구조' 사회가 되면서 한국의 중산층은 몰락 중이다. 2019년 '객관 중산층'이 58%로 감소할 때, 조선일보 조사에 따르면 '주관 중산층'은 40%로 확 줄었다. 심지어 2013년 조사에서는 '20.2%'만이 자신을 중산층이라고 답한 조사도 있다. 한 연구에서 보면 '객관 중산층' 중에 단 45%만이 자신이 중산층이라고 생각했고, 나머지 55%는 자신이 실제로는 중산층임에도 '저소득층'이라고 대답했다.

이것의 원인은 "많은 사람이 생각하는 중산층 기준이 너무 높이 올라가 버렸기 때문"이고, 과정은 소득 양극화로 인해 중산층 안에서도 소위 '부유 중산층'과 '일반 중산층'이 생겼고, 그 둘 사이는 거대한 벽을 만드는 속에서 형성된 것이다. 그 거대한 벽은 '부유 중산층'들의 일종의 '구별 짓기'와 관련 있다.

'지위 경쟁 사회'에서 높은 사회적 지위를 점하기 위해 IMF와 금융위기를 극복한 '부유 중산층'들은 '소비-주거-교육'이라는 세 가지의 계층 내에서의 구별 짓기에 성공했다. '강남'이라는 공간 자본으로 압축되는 이러한 구별 짓기는 감히 '일반 중산층'이 따라오지 못하며, 더 나아가 '일반 중산층'이 스스로 '저소득층'이라고 멸칭하게 했다. 어떻게 하면 한국사회가 '부유 중산층'과 '일반 중산층'으로 구분되지 않고 '중산층 중심' 사회로 갈 수 있을까?

─────

맞습니다. 한국의 중산층은 이제 분화되었습니다. 크게 두 가지 기준으로 나눠볼 수 있습니다.

첫째, 최상위 1%의 대기업 소유주 일가가 아닌 사람으로서 상위 10% 정도의 부를 소유한 사람들이 새로 생겨났습니다.[8]

이는 1980년대 후반부터 한국 경제가 서서히 노동집약형에서 기술·지식집약적 경제로 변모하였기 때문입니다. 자연스럽게 고급 기술·직무 역량을 사람들의 가치가 높아지면서 그들의 보수 또한 빠르게 상승한 결과입니다.

동시에 한국 사회가 고도화되면서 고소득 전문 직종이 생겨난 것도 또 하나의 원인입니다. 의료 분야, 금융 분야 그리고 전문 관리직 종사자들이 그들입니다.

이는 또한, 한국 자본주의가 글로벌 자본주의에 깊게 편입되면서 신자유주화를 추진하는 모든 나라에서 일어나는 공통된 현상이 한국에서도 일어나는 것으로 볼 수 있습니다. 중산층의 분화 현상 즉 '특권 중산층'의 탄생은 한국 사회가 임금 소득 격차보다 자산 소득 격차가 더 크게 벌어지기 시작한 2000년대 이후에 발생한 신자유주의적 세계 질서의 한국적 현상입니다.[9]

대기업을 소유하지는 않았지만, 노동 소득 중심의 중산층보다는 훨씬 빠르게 부를 축적하는 계층이라고 할 수 있습니다. 이들을 '부유 중산층'이라고 부르고, 나머지 소득 50%부터 89%까지의 사람들을 '일반 중산층'이라고 부를 수 있습니다.

둘째, 한국의 중산층 중에서 자수성가형이 아닌 사람들이 점점 많아지고 있습니다. 부모의 재력으로 사교육 특혜를 누리고, 명문대를 진학하여 부모의 지위를 그대로 대물림하는 사람들입니다. 이들을 '특권 중산층'이라고 부를 수 있을 것입니다. 반면, 그렇지 못한 자수성가형의 사람들을 '일반 중산층'이라고 부를 수 있을 것입니다.

'특권 중산층'과 '부유 중산층'은 직업이나 출신 배경 등에서 서로 다르지만 정확하게는 '강남'이라는 지역적 특성을 공유하고 있는 사람들입니다. 이들과 '일반 중산층'은 사교육 선택권, 학교 선택권, 직업 선택권, 임금 격차, 부동산 소유 여부 등에서 철저하게 '특권 부유 중산층'과 구별됩니다.

문제는 이러한 중산층의 분화가 사회 안정성을 해친다는 것입니

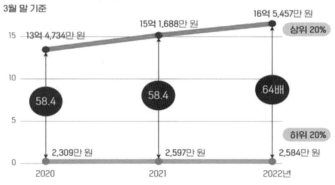

자산 상하위 20% 가구 격차
3월 말 기준

KB금융지주 경영연구소가 발표한 '2022 한국 부자 보고서'를 보면,
2021년에 금융자산만 10억 원 이상을 보유한 부자는 42만 4,000명이었다.
전체 인구의 0.82%에 불과한 이들이 보유한 금융자산은 2,883조 원으로,
한국은행이 발표한 가계 총금융자산(4,924조 원)의 58.5%나 됐다.
출처: 노동자연대

다. 과거 중산층은 '나도 잘살 수 있다'라는 희망의 근거로 '기대 사
회의 안정적·통합적 세력'이 되었다면, 지금의 중산층은 '경제적 불
안'과 '상대적 박탈감'으로 사회적 불안 요소가 되고 있습니다.

중산층 문제를 연구해 온 이영욱 한국개발연구원(KDI) 연구위원
에 따르면, '나의 사회·경제적 지위는 중산층'이라고 생각하는 응답
자의 비중이 2013년 51.4%에서 2021년 58.8%로 높아졌다고 합니
다. 물론 1980년대 78%에 비하면 아직도 턱없이 낮은 것입니다. 문
제는 자신을 스스로 중산층이라고 인식하는 비율은 늘어났지만, 계
층 이동 가능성에 대한 기대감은 줄어들었다는 것입니다.

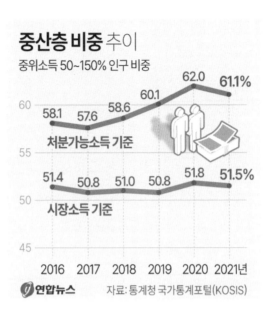

출처: 연합뉴스. 2021년 5월 8일.

이영욱 연구위원은 대안으로 양질의 일자리를 꼽았습니다. "빈곤층이 중산층으로 올라설 땐 가구 내 취업자 수 증가, 경제활동 참여로 인한 가구주의 소득 증가"가 동반되기 때문에 이는 양질의 일자리가 중산층 확대에 도움이 될 것입니다. 이는 주로 소득 증가를 통해 중산층을 두껍게 만들어야 한다는 의미입니다.[10] 그러나, 이것이 현재 분화되고 있는 중산층의 현실로 보면 적절한 대안일지 의문입니다.

중산층 중심의 사회로 가기 위해서는 양질의 일자리를 기본으로 하여, 소득의 재분배, 공평한 조세제도, 공정한 교육 기회, 돌봄 확대

등이 동시에 뒷받침되어야 합니다.

소득의 재분배와 관련해서 가장 우선시되어야 하는 것은 정부 지출을 늘리는 것입니다. 연금·보조금 등에 정부 지출을 늘리면 당연히 중산층의 처분가능소득이 증가하면서 소득 재분배 효과가 나타날 것입니다.

다음은 공평한 조세제도입니다. 우리나라에서 노동 소득보다 자산 소득이 빠르게 증가한 원인이 첫째가 바로 조세율의 꾸준한 하락이었습니다.[11] 조세율이 떨어지면서 자산 소득이 가파르게 증가한 것입니다. 이 말은 중산층의 분화를 막고 중산층을 두텁게 만들려면 무엇보다 조세 형평성을 강화해야 한다는 것을 시사해줍니다.

공정한 교육 기회도 중요합니다. 여기서 핵심은 공교육의 정상화를 통해 사교육 부담을 줄이는 것입니다. 통계청에 따르면 2023년 1분기 가계소득 최상위 20%인 5분위 가구 중 만 13~18세 자녀가 있는 가구의 월평균 학원·보습 교육 소비지출은 114만 3,000원이었습니다.[12] 해당 가구 월평균 총지출이 653만 원인 것을 고려하면 지출의 17.5%를 사교육에 쓰는 셈입니다. 학원비로 월 수백만 원이 들어가는 것은 '특권 중산층'만이 아니라 '일반 중산층'도 마찬가지입니다. 사교육비를 획기적으로 줄이지 않고서는 중산층 중심의 사회로 나아갈 수 없습니다.

마지막으로, 양질의 보육입니다. 보육은 곧 돌봄의 질과 적정한 장소의 문제입니다. 돌봄 시설이 열악하여 육아를 위해 부부 중 한 사람이 휴직 등을 해야 하는 상황이 온다면 가계 소득에 큰 타격이 올 수밖에 없는 상황입니다.

위에서 살펴본 개선 노력은 하나 같이 누구나 노력하면 성공할 수 있다는 믿음을 주는 것을 목표로 하는 것입니다. 만약, 한 사회가 아무리 노력해도 잘 살 수 없으며 나아가 내 자식 세대가 나보다 더 불행해질 것으로 생각한다면, 그런 사회가 지속 가능할 수 없습니다. 이렇게 팍팍한 사회는 당연히 남을 배려하는 사회 시스템이 작동하지 않을 것이고, 그로 인해 발생하는 사회적 불안과 동요는 더 큰 사회적 부담이 될 것입니다.

그렇다면 경기도에서는 무엇을 해야 하나?

━━━

중산층이 많아져서 다수의 국민 가구가 중산층 이상의 생활을 누릴 수 있는 사회를 만드는 것은 우리 민주당의 중요한 목표입니다. 민주당의 뿌리인 국민회의 창당의 신조(motto)가 바로 '중산층과 서민의 당'이었습니다. 물론 당시 중산층과 지금의 중산층은 다릅니다. 당시 중산층은 '나도 잘살 수 있다'라는 희망의 상징이었다면, 지금의 중산층은 빈곤층으로 언제 떨어질지 모르는 불안을 안고 살아가는, 더 잘살 수 있다는 믿음과 확신이 없는 불안을 상징합니다.

그런데도 중산층을 두텁게 만들고 더 많은 국민 가구를 중산층으로 만드는 일은 매우 중요합니다. 그 첫걸음은 '특권 중산층', '부유 중산층'과 '일반 중산층' 사이의 간격을 좁히는 것입니다. 공정한 소득 분배, 공평한 조세제도, 공교육의 정상화, 돌봄의 확대와 같은 4가지 정책 방향을 가지고 노력한다면 충분히 가능합니다. 실제 소득이나 자산이 부족하기보다는 '일반 중산층'은 '부유 중산층'에 대해 상대적 박탈감을 더 크게 느끼고 있기 때문입니다.

일종의 심리적인 부분이 크기 때문에 몇 가지 정책 수단을 통해 쉽게 극복할 수 있습니다. 공평하고 공정한 제도를 통해 정당하게 부를 축적하고, 그것이 한국 사회를 선진국으로 이끄는 사회통합체적 중심 계층의 역할을 하도록 한다면, 중산층이 다시 우리 사회의 도덕적·이데올로기적 정당성을 확보한 '신흥 상류 중산층' 계층이 될 수 있을 것입니다.

물론 경기도가 이 분야에서 할 수 있는 역할은 그리 크지 않을 것입니다. 그럼에도 경기도는 중산층이 가장 밀집해서 살고 있는 지역이며, 동시에 지역적·공간적 폐쇄성이 비교적 옅은 지역이라는 장점을 가지고 있습니다. 경기도의 이미지를 잘 사는 중산층의 도시로 만들 수만 있다면 경기도민의 자긍심과 정체성을 높이는 데도 큰 역할을 할 것입니다. 인구 500만의 아일랜드가 국민소득 10만 달러로 우리의 3배 수준인 것처럼, 경기도는 '특권 중산층'의 도시가 아니라 '신흥 상류 중산층'의 지역으로 만들어야 할 것입니다.

경기도는 양질의 일자리가 있고, 질 높은 교육 시설들이 많이 있으며, 보육 기반 시설도 잘 갖춰져 있는 곳입니다. 이런 장점들이 모여 지역경제 활성화와 가구의 소득증대로 이어진다면 '신흥 상류 중산층'으로 가는 기회의 사다리가 될 수 있을 것입니다.

부동산 패러다임 전환:
주택정책 자주독립!

'아파트값 폭등 후 급락', '전세 사기 급증' 등 주택 문제가 시민의 삶을 황폐하게 만들고 있다. 오죽하면 '공급을 늘려도 문제, 안 해도 문제'라는 푸념이 나오겠는가? 도대체 정부의 주택정책은 왜 번번이 실패하는 것일까? 그 원인을 진단해달라.

──────

국민의 최대 관심사는 부동산입니다. 정부는 주택정책을 세수 확보 차원에서, 건설기업과 금융시장 안정을 위해서, 국민의 주거 안정을 불안하게 만들면 안 됩니다. 예측할 수 있는 주택 공급을 충분히 해주어야 합니다. 우리는 2030세대가 부동산 광풍으로 들어가는 영끌 매수를 보았습니다.

주택가격은 수요와 공급으로 결정된다는 경제학 교과서의 이론입니다. 그러나 현장에서는 정부의 안이한 정책과 묵인 아래 택지 독점, 분양가 담합, 작전 세력의 심각한 왜곡 등이 합쳐져 특정 언론과 유튜브에서 집중적으로 거론되어 주택 시장이 왜곡되어 왔습니다. 결국 주택 시장이 적정 수준을 넘어서서 분양가가 상승하고 매매가는 수십억으로 폭등하고 전월세 가격 폭등으로 피해자가 발생하는 등 악순환을 반복하고 있습니다.

주택정책의 실패는 철학이 빈곤한, 무능한 정부의 몫입니다. 이들로 인해 전국을 투기판으로 만들었습니다. 더 나아가 파격적인 임대사업자 양성으로 100만 주택 이상의 매물을 쓸어담고, 갭 투자가 수십만 주택을 쓸어담아도 이들에 대한 강력한 규제는 없었습니다. 일부 세력은 서민과 청년들의 등골을 파먹는 전세 사기를 저질렀습니다. 초기부터 투기 세력에게 대출 회수와 감당할 수 없을 정도의 세금 폭격을 가했다면 주택 시장은 안정을 찾았을 것입니다.

이제는 주택 시장을 왜곡하는 건설기업, 금융사, 언론사, 임대사업자, 갭 투자들이 끼어들 수 없도록 지방정부가 주택정책을 추진할 수 있도록 법 개정을 해야 합니다. 결국은 한국 사회의 고질적 병폐인 '집값' 문제는 해당 지역을 가장 잘 아는 지방정부가 주도적인 역할을 하고, 적절한 정책 수단으로 사용할 권한을 가짐으로써 해결할 수 있습니다.

중앙정부의 부동산 정책에 대한 신뢰가 바닥에 떨어지고, 그 정책을 대신 집행해 온 LH공사에 대한 국민적 비난과 원망이 극에 달한 지금, 주택정책에서 혁명적 방향 전환이 필요한 때입니다. 지방분권형 주택정책으로 전환이 필요합니다.

부동산에 대한 패러다임 전환, 내 집 마련의 꿈을 실현하는 근본적 전환 방향으로 '지방분권형 주택정책'을 제시했다. 구체적인 방향과 개념을 설명해달라.

─────

지방분권형 주택정책이란 정부가 주도하는 주택정책을 지방정부로 이관하는 것을 말합니다. 지금도 미니 신도시의 조성과 개발은 지방정부가 할 수 있습니다. 그러나, 가장 중요한 공급 물량과 공급 가격 정책은 전적으로 중앙정부의 계획과 통제 아래 있습니다. 이것을 과감히 지방정부로 이관하여 각 지역의 현실에 맞는 맞춤형 주택복지 정책을 펼 수 있게 하자는 것입니다. 현행과 같이 민간주택 영역과 공공주택 영역을 구분하되, 지방정부는 지역 실정에 맞게 가령, '거주에 제한이 없는 평생 임대주택'이나 '자가 소유형 임대주택' 등 다양한 방식의 주택정책을 추진할 수 있게 하여 지역 맞춤형 주택정책으로 안정적인 주거 복지를 보장하자는 취지입니다.

다시 말해, 지방분권형 주택정책의 방향은 중앙정부에서 지방정부로 공공주택 사업 이전입니다. 사실 경기도가 제일 먼저 '기본주택'

이라는 개념을 확립하고 주택정책을 펼치려고 했으나, 중앙정부의 계획 통제권 때문에 제대로 시범단지 하나 조성하기 어려웠습니다. 만약, 지방정부가 주도적으로 주택정책을 편다면, 개념적으로 제시되었던 '평생 공공임대주택'이나 '자가 소유형 토지임대부(건물만 소유) 주택' 등도 가능할 것입니다.

이러한 정책을 뒷받침하기 위해서는 주택도시기금(국민주택기금)은 대기업 및 계열사는 이용을 제한하고 지방정부가 사용할 수 있도록 한다면 지방정부의 공공주택 개발 비용 문제를 해결할 수 있을 것입니다.

주택정책의 궁극적 목표는 국민의 주거 안정입니다. 그런데, 현재 중앙정부 주도의 주택정책은 실패했습니다. 집값은 주기적으로 폭등하고, 무주택 비율은 줄어들지 않고 있습니다. 중앙정부의 주택정책은 그 중심이 서울 집값 안정에 맞춰져 있어서 그렇습니다. 서울 중심의 주택정책으로는 절대로 주거 안정을 이룰 수 없습니다. 중앙정부가 서울 중심 주택정책을 펴는 동안 주택공급을 독점한 LH는 부패와 부실 그리고 무능으로 그 역할을 상실하여 국민 원성의 대상이 되고 있습니다.

LH가 부패와 무능으로 공공주택 시장을 교란할 때 건설사들은 노른자위 땅에 고급 아파트를 짓고 높은 분양가로 집값 상승을 부추겼습니다. LH가 짓는 공공주택이 부실(철근이 없는 순살 아파트, 중국과 다를 바 없다)로 국민에게 외면당할 때 민간 건설사들의 민영주택은 천정부지로 분양가를 올려 폭리를 취했습니다. 한마디로 국가 주도 주택정책의 총체적 붕괴를 우리는 목도하고 있습니다. 단연코 지방분권형 주택정책이 국민의 주거 안전을 위한 최후의 보루가 될 것입니다.

지방정부의 주택공급은 철저하게 공공임대 또는 토지임대부(건물만 소유) 분양에 국한될 필요가 있습니다. 물론 이것도 지역의 실정에 맞게 추진될 사안입니다만, 적어도 경기도라는 상황을 보면 양질의 공공임대주택을 대거 공급하여 더 이상 투기가 접근할 수 없도록 하여 집값을 잡는 확실한 처방이 될 수 있습니다. 동시에 분양가를 투명하게 공개하여 집값의 거품을 걷어낸다면 집값 안정에 도움이 될 것입니다. 또한, 지방정부 주택공급의 경우 주택공급에 관한 규칙 제15조를 개정하여 후분양을 의무화한다면 주택 품질을 확인한 후 계약할 수 있게 하여 도민의 권익을 보호할 수 있습니다. 또한, 중도금을 마련할 필요가 없어 기존 전세금과 매매대금으로 바로 입주가 가능하여 도민의 부담도 완화할 것입니다.

지방분권형 주택정책은 중앙정부와 달리 주택 경향에 맞게 능동형으로 정책을 구사할 수 있는 장점이 있습니다. 2022년 기준으로 우리나라의 1인 가구는 972만 가구로 전체 가구의 41%를 차자하고 있습니다. 과거 '국민 평수'라고 하여 방 3개, 화장실 2개인 $109m^2$가 유행했었지만, 지금은 3인 가구가 많아 오히려 $88m^2$가 인기입니다.

마찬가지로 1인 가구가 늘어남에 따라 45㎡의 소형 주택들의 수요가 늘고 있습니다. 이렇듯 주택의 경향에 맞추어서 주택정책을 펼 수 있습니다.

지방분권형 주택정책을 위해서는 지방정부마다 주택공사를 재조정해야 합니다. 이들은 공공주택 구입에 필요한 금융 지원으로 주택도시기금과 국민연금기금을 사용할 수 있어야 하고, '공공보증제'를 통해 금융권의 대출 지원받도록 해야 합니다. 이를 위해 먼저 '주택도시기금 운영에 관한 법률'의 개정이 필요하며, 지방정부의 공공주택 공급에 관한 법률의 제정도 뒤따라야 할 것입니다.[13]

주택정책은 국가정책인데 지방정부별 통일성, 집중성이 떨어질 수 있다는 반론도 있을 수 있다.

───

건설사와 금융권의 논리라고 봅니다. 우리는 2023년 5월 국책 사업인 '서울-양평 고속도로'가 김건희 일가의 이익을 위해 예비타당성까지 받은 원안 대신 종점이 변경되는 행위를 목격했습니다. 그리고 그것이 들통 나자 국토교통부 장관 한 사람의 독단으로 취소되는 상황까지도 목격했습니다. 국가의 주택정책을 입안하고 조정하는 부처가 바로 국토교통부입니다. 공문서 삭제를 지시하고 자료를 은폐하는 행위를 합니다. 이제 더 이상 국토교통부가 관장하는 주택정책과 SOC 사업도 신뢰할 수 없는 지경에 이르렀습니다. 새로운 대안이 필요하며 그것은 중앙정부 집중의 폐단을 극복할 지방분권형에 그 해답이 있습니다.

한편, 지방정부별 통일성을 갖는다는 것 자체도 일종의 기업 논리입니다. 서울과 경기도와 충청도와 전라도의 주택정책은 당연히 달라야 합니다. 지역마다 처한 환경과 조건 그리고 지역주민의 요구가 다릅니다. 지역별로 가구원의 특징도 다릅니다. 따라서, 지역에 맞는 주택을 공급하기 위해서는 지방정부별로 통일되지 않아야 합니다.

한편, 지방분권형은 좋으나 지방별로 구분되면 다른 도시에 사는 가구가 지역으로 이동하지 못하는 일종의 장벽이 생길 수 있다는 우려가 있습니다. 그러나, 이것도 그리 큰 문제는 아닐 것입니다. 현재도 공공분양의 경우 자신이 사는 지역 거주민이 우선권을 갖습니다. 그렇다고 다른 지역 사람이 분양 자격이 없는 것이 아닙니다. 지방정부의 혈세가 투입되어 짓는 공공주택에 다른 지역 가구가 입주한다면 분명 문제가 될 수 있습니다. 그러나, 우선권 제도를 잘 활용한다면 형평성 문제나 배타성 문제 모두 잘 해결할 수 있을 것입니다.

수도권에 속한 경기도에서는 성공 가능성이 있지만 다른 지방은 능력이 안 된다. 오로지 경기도를 위한 정책 아닌가?

우리는 변화와 개혁을 두려워합니다. 규제를 통해서 우월적 행정으로 국민을 통제하려고 합니다. 특히 부동산 정책은 어떤 정권이든 매번 실패를 거듭했고, 다양한 대안을 내놓았으나 성공하지 못했기 때문입니다. 이럴 때 변화가 필요하지만, 익숙한 것에 길들여져 다람쥐 쳇바퀴 돌듯 같은 실수를 반복하고 있는지도 모릅니다.

노무현 정부 때 김수현 실장이 세금 정책으로 부동산을 잡겠다고 해서 결국 망했는데, 문재인 정부 때 다시 청와대로 들어가서 똑같은 정책을 펴다가 또다시 민심을 외면하고 전 국민을 투기장으로 내몰았습니다. 자신들은 강남에 살면서 국민에게는 강남권 아파트를 팔라고 합니다. 살아봤는데 살 곳이 못 된다고 이유입니다. 이런 양두구육(羊頭狗肉)은 없어져야 합니다.

그런데 요즘 작은 변화가 일어나고 있습니다. 토건족들이 싫어하는 토지임대부 주택이 시행되어 실제 공급되고 있습니다. 비록 그 규모는 작지만, 대한민국 주택 시장에 커다란 변화가 시작된 것입니다. 토지임대부 주택정책은 지방정부에서 추진해야 실효성과 효능성이 높아집니다. 국민 주거복지의 출발점입니다.

대한민국 주택정책을 곱씹어 보면, 결국은 필요한 곳에 필요한 만큼 지어야 가격을 안정화하고 공급 균형을 맞출 수 있다는 결론을 얻습니다. 그런 측면에서 지방정부로 권한을 분산한다고 해서 당장 모든 지방정부가 모든 것을 다 해내지는 못할 것입니다. 그러나, 적어도 핵심은 기존의 부동산 시장을 교란해왔던 토건족의 논리가 설 자리는 없어질 것이라는 점입니다.

'지방분권형 주택정책'은 한마디로 이제 중앙정부 대신에 지방정부가 주택공급의 주체가 되어야 한다는 의미 같다. 그러기 위해선 우선 한국토지주택공사(이하 LH) 문제를 짚고 넘어가지 않을 수 없다. 문재인 정부때는 LH의 임직원들이 개발 정보를 미리 빼돌려 부동산 투기를 했다는 의혹이 전 국민의 공분을 샀다. 윤석열 정부에서는 철근을 누락시킨 '순살 아파트' 때문에 국민의 분노가 들끓었는데, 철근 누락을 감리해야 할 업체들이 알고 보니 LH 출신들이 퇴직 후에 들어가서 근무하고 있는 이른바 '전관 회사'였다는 게 또 문제가 되었다.

이렇듯 LH 체계는 이미 국민적 심판의 도마 위에 올라가 있다. 그렇다고 대규모 자본이 투여되고, 택지개발과 주택시공을 동시에 해야 하는 대규모 주택건설을 담당하는 LH가 없다면 이런 사업은 누가 할 수 있을지 고민이다. LH 사태에 대한 의견은 무엇이고 대안은 어떤 것인가?

LH는 더 이상 존재해서는 안 된다고 생각합니다. 2009년 토지공사와 주택공사의 통폐합으로 LH공사로 재출발하였지만, 당시 제기되었던 우려는 하나도 고쳐지지 않았다는 것이 지금의 결론 아닙니까?[14] 요즘 LH의 파렴치한 행위는 24년 전에 잘못된 통폐합의 결과

LH 토호 세력들을 향한 국민의 분노.
출처: 경향신문, 2021년 11월 13일.

물입니다. LH가 토지 수용부터 공급까지 전 분야를 책임지면서 '슈퍼 갑'이 되어 자정 기능과 제어 능력을 상실하였고, 지금은 국민적 손가락질을 받는 조직으로 낙인이 찍혔습니다.

이제는 LH 독점 시대를 끝내고, 각 지방정부에서 주택 업무를 실행하고 있는 SH(서울주택도시공사), GH(경기주택도시공사), IH(인천도시공사) 등을 활성화해야 합니다. 또, 택지 개발과 주택 건설을 분리하여 상호 경쟁하도록 해야 합니다. 현재 지방정부에 설립된 주택공급 관련 공공기관의 질적 수준도 올려야 합니다. 수요와 공급에 맞춰 지역 맞춤형 주택을 공급할 수 있도록 충분한 역량을 갖춰야 할 것입니다.

지난 대선 당시 경기도 기본주택 논쟁이 일어났다. 기본주택의 개념도 좋고 방향도 좋은데 그래서 결국 경기도에서 단 한 채라도 기본주택을 지었냐는 질문에 답은 '없다'였다. 아무리 좋은 대안이 있어도 실제 지방정부에 권한도 여력도 없다면 아무 소용이 없는 것이다. 지방정부가 주택정책을 바꾼다면 구체적으로 무엇을 할 수 있는가?

─────

경기도가 이재명 지사 시절 '기본주택'[15]을 하려고 했던 것처럼, 지방정부가 주택정책을 할 수 있다면 우선 '소유형 토지임대부 주택'을 공급해야 합니다.

이미 SH가 지방 공기업 최초로 토지임대부 분양주택을 2023년 2월, 고덕강일 3단지 사전 예약 형태로 진행하였습니다. 중앙정부가 통제하는 조건에서도 지역 특색에 맞는 다양한 방식이 시도되는 만큼 지방분권형 주택정책이 시행된다면 더 다양한 시도들이 많으리라 생각합니다.

'소유형 토지임대부 주택'은 좀 더 강력한 정책입니다. 토지 소유권은 지방정부가 갖되, 소유형이기 때문에 건물 소유권(지분)은 분양받은 사람이 갖습니다. 토지를 조성한 지방정부가 토지 조성 비용을 저렴하게 또는 전액 무료로 하여 주택 분양 가격을 대폭 낮추는 것입니다. 분양받은 사람이 소유권을 갖는 건물의 경우에 계약이 소멸할 상황이 발생하면 지방정부가 원금을 내주고 환수하게 됩니다. 환수한 물건은 다시 재분양하게 됩니다. 일반 토지임대부 주택과의 차

소유형 토지임대부 공공분양 유형

출처: 저자 작성

이점은 영구적으로 거주할 수 있다는 점과 소유권이 있으므로 주택 담보대출 등이 가능합니다. 다만, 상속되지 않으며 본인이 직접 매매하는 것이 아니라 반드시 지방주택공사를 통해서 매매가 이뤄져야한다는 점이 차이가 있습니다. 이것이 소유형 토지임대부 주택의 핵심입니다.

지방정부에서 건축한 '소유형 토지임대부 주택'은 해당 시도에 거주하는 주민들에게 공급되며 분양받은 사람은 평생 아주 저렴한 가격으로 자기 집처럼 살 수 있는 영구주택입니다. 기본주택은 공공임대 주택이라 매월 임대료를 내야 합니다. 하지만 '소유형 토지임대부 주택'은 자신의 소유이기 때문에 임대료가 아니라 원금을 내고 분양을 받는 것입니다. 만약, 주택가격이 하락하면 그 차액은 보상해줍니다. 그러나, 주택가격이 상승하여 차액이 발생하면 본인(입주자)이 가져가는 것이 아니라 이 차액 부분은 새로운 공공주택 공급에 활용합니다. 이것이 소유형 토지임대부 주택의 핵심입니다.

소유형 토지임대부 공공분양 유형입니다.
1. 토지임대부 공공분양 유형
 - 소유형 토지임대부 주택 반값 분양
 - 주택 하락분 보상해줌
2. 저소득층 공공임대 분양 유형
 - 재산 및 소득에 따라 임대료 차등
 - 수입차·고가차량·고액 예금자는 분양 및 거주 자격 상실

특히 소유형 임대부 공공주택 평수는 1인 가구 15평 이상, 2인 가구 18평 이상, 3인 가구 24평 이상으로 분양하여 주거의 편리성과 주거의 질을 향상할 겁니다. 이것이 소유형 토지임대부 주택의 핵심입니다. 경기도 토지임대부 공공주택 소유형 분양가 예상은 1억5천만 원 미만, 월 임대료는 25만 원 이하 가 될 것으로 본다.

또한 1,000만 명의 1인 가구에 맞는 주택정책 전환과 분양 평수 확대가 필요합니다. 1970~1980년대에 입안된 주택정책은 이제 폐기해야 합니다. 이제 대한민국은 교육·직업·주거에서 계급사회를 끊어내야 합니다.

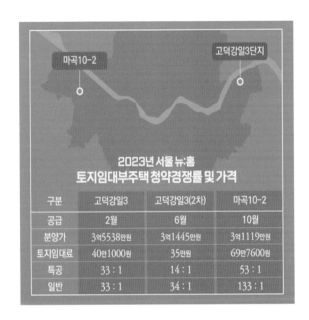

구분	고덕강일3	고덕강일3(2차)	마곡10-2
공급	2월	6월	10월
분양가	3억5538만원	3억1445만원	3억1119만원
토지임대료	40만1000원	35만원	69만7600원
특공	33 : 1	14 : 1	53 : 1
일반	33 : 1	34 : 1	133 : 1

출처 : 비즈워치 2023.12.08.

6

'청년노동연금'은
어떻게 좋은 일자리를 만드는가?

최근 프랑스에선 마크롱의 연금 개혁을 반대하는 대규모 시위가 계속되었다. 반대에 마크롱은 연금 개혁을 통해 더 내고 덜 받는 개혁안을 통과시켰다. 그런 영향인지 윤석열 정부는 입만 열면 연금 개혁을 부르짖는다. 그러나, 여러 복잡한 이해관계가 얽혀있어 쉽지 않다.

한국은 노인 빈곤율 문제와 초고령화로 인한 청년세대와의 고통 분담 문제 등 여러 이슈가 있다. 청년들의 미래인 국민연금 문제를 어떻게 풀어야 하나?

───

양질의 인력을 확보하기 위해서는 정책을 대전환해야 한다. 대한민국은 산업 현장에 일꾼이 말라 가고 있다. 도표에 나온 산업 현장에만 해당되는 것이 아니다. 중소기업에서는 공장을 돌리기 어려울 정도의 상황이다. 대기업보다 중소기업에서는 외국 노동자의 손을 빌

대한민국 산업 현장, 일꾼이 말라간다

단위: 명, 부족인원 ※( )안은 부족률(%)

분야	부족인원(부족률)
소프트웨어	6160(4.0)
전자	5375(2.6)
화학	4275(3.4)
기계	4146(2.7)
자동차	2324(1.9)
반도체	1752(1.7)
바이오·헬스	1234(3.4)
철강	1145(1.7)
섬유	990(2.9)
조선	621(1.1)
IT비즈니스	414(1.7)
디스플레이	274(0.6)

자료: 산업통상자원부
'2022년 산업기술인력 수급 실태조사'

The JoongAng

출처: 산업통상자원부. 중앙일보 2023년 11월 8일

리지 않으면 공장을 운영할 수 없다고 한다. 이러한 현상은 현장에 인력이 제때 공급되지 않는 탓에 각 업계에선 인력 동맥경화에 걸렸다고 한다. 해결할 수 있는 것은 청년노동연금 제도 도입이다. 이를 통해서 노후가 보장되는 양질의 산업 일꾼을 유인해야 한다. 결국 공무원연금과 기초노령연금처럼 정부(중앙정부·지방정부)가 감당해야 한다. 자세한 것은 다음 질문에서 기술하고자 한다.

국민연금기금(이하 국민연금)은 지난 1988년 설치된 이래 2022년 기준 가입자 수 2,249만 7,819명 중 연금보험료 납부예외자는 306만 4,194명입니다. 2023년 7월 말 현재 991조 원 규모의 글로벌 대형 연기금 중 하나로 성장하였으며, 누적 운용 수익금은 541조 원에 이릅니다. 국민연금만 보면 최고 부자 나라는 대한민국에서, 정작 국민연금 수혜자인 국민은 가난하다.

연금의 수혜자는 당연히 노인입니다. 대한민국 노인이 얼마나 가난하느냐면 노인빈곤율이 OECD 국가 중 1위입니다. 노인 빈곤의 주된 원인이 바로 연금에 의한 이전 소득이 낮다는 것이라고 할 때, 과연 글로벌 대형 연기금이라는 우리 국민연금은 과연 누구를 위한 국민연금인지 되묻지 않을 수 없습니다. 2040년엔 최고 1,755조 원까지 쌓일 것으로 전망되며, 이는 GDP의 43.9%(경상가 기준)에 해당하는 엄청난 규모입니다.[16] 국민연금으로 삼성전자 두 개를 사고도 남는 금액입니다.

정부가 국민연금을 운영하고 대하는 방향은 국민연금이 혹시라도 고갈될까 '부자 몸 사리기'처럼 보입니다. 국민연금은 기여율[17]도 중요하지만, 연금을 받는 시점의 '소득대체율'[18]이 더 중요하다는 것을 외면하고 있습니다. 그 결과 한국은 OECD가 조사하는 48개 나라 가운데 아이슬란드(2.6%)와 멕시코(2.7%)를 제외하고, 노인 부양(연금)에 가장 적은 돈을 쓰는 나라가 되었습니다.

게다가 한국은 그나마 노인 부양비 95% 이상을 기초연금을 지급하는 데 사용하고 있습니다. 경제적으로 어려운 노인들에게 선별적

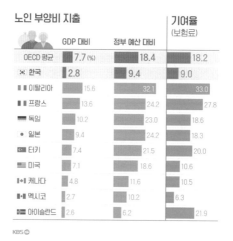

노인 부양비 지출			기여율 (보험료)
	GDP 대비	정부 예산 대비	
OECD 평균	7.7 (%)	18.4	18.2
한국	2.8	9.4	9.0
이탈리아	15.6	32.1	33.0
프랑스	13.6	24.2	27.8
독일	10.2	23.0	18.6
일본	9.4	24.2	18.3
터키	7.4	21.5	20.0
미국	7.1	18.6	10.6
캐나다	4.8	11.6	10.5
멕시코	2.7	10.2	6.3
아이슬란드	2.6	6.2	21.9

KBS

출처: KBS, 2023. 8. 18

으로 지원하는 '기초노령연금'은 복지 혜택에 해당하기 때문에 연금 제도라고 보기 어렵습니다. 따라서 한국 정부는 노인 빈곤율이 세계 최고이면서도 노인들을 위해 공적기금을 쓰려고 하지 않는 유일하고 특이한 나라입니다.[19]

유럽 국가들은 처음부터 적립금을 쌓지 않거나 적립금이 이미 고갈되었습니다. 그래도 한국보다는 훨씬 풍족한 연금을 받고 있습니다. 어떻게 하면 가능할까요? 쉽게 말하면 '많이 내고 많이 받는' 방식입니다.

연금으로 내는 돈을 기여율이라 했을 때, OECD 35개국 평균 18.2%이고 프랑스 27.8%, 스웨덴 22.3%, 독일 18.6%, 일본 18.3%,

세계 공적연금 적립금

국가	GDP 대비(%)	적립액(억달러)
한국	45.1%	7,957
핀란드	33.6%	979
일본	33.0%	17,148
캐나다	25.6%	4,383
미국	13.4%	28,117
프랑스	6.7%	1,864
독일	1.2%	455
OECD 평균	13.9%	

KBS

출처: OECD 연금보고서 2021

칠레 12.8%, 미국 10.6%, 한국 9%입니다. 한국이 가장 적게 기여를 합니다. 한마디로 가장 적은 연금을 내는 셈입니다.

받는 연금액은 소득대체율로 표시할 수 있는데, 프랑스 60.2%, 스웨덴 53.3%, 미국 39.2%, 일본 32.4% 그리고 한국 31.2%입니다. OECD 국가 평균은 51.8%입니다. 많이 내지만 그만큼 많이 받는 것이 프랑스 등 유럽이라면, 한국은 적게 내지만 기여율보다 2배 내지 3배 많이 받는 구조입니다. 그러나, 기여율이 낮다 보니 소득대체율이 3배에 이르러도 다른 나라에 비해 턱없이 낮고, 연금으로 생활할 수 없는 상황이 되고 있습니다. 그렇게 연금 수혜자들이 어려운 상태임에도 공적연금의 적립금은 국가 GDP의 약 45%에 이를 정도로 아주 많은 나라가 대한민국입니다.

유럽 국가들은 연금 고갈을 걱정하기보다는 노후 생활의 안정에 더 큰 방점을 찍고 있습니다. 한국은 OECD 국가의 공적기금 가운데 적립금이 가장 많고, 정부 지원을 아예 받지 않습니다. 그런 기준에서 보면 오히려 세계 어느 나라보다 연금 재정 상태가 가장 튼실합니다. 그럼에도 연금이 곧 고갈된다고 국민연금에 대한 불신을 조장하고 있습니다. 윤석열 정부는 현 상태를 개혁한다고 하면서 '더 내고 덜 받고, 더 늦게 받는 연금 개혁'안을 제시하고 있습니다.

이미 대한민국 정부는 20년 전에 고갈된 공무원연금 등에 6조 원 이상의 혈세를 투입해왔습니다. 과거 공무원의 처우가 기업에 비해 상대적으로 낮을 때 박봉 공무원의 유일한 희망은 연금이었습니다. 정부는 재정을 투입해서 공무원연금, 군인연금을 보장해주었던 것입니다. 그러나 이제 시대가 변했습니다. 공무원, 군인 등이 박봉인 것은 맞지만 계약직 등이 일반화되면서 오히려 공무원은 처우가 상대적으로 안정적이라는 평가까지 받고 있습니다. 과거 논리로는 더 이상 국민을 설득하기 어렵습니다. 그래서 공정하지 못하다고 보는 시각도 있는 것입니다.

다음은 근본적인 부분입니다. 정부는 공적연금 재정 지출을 확대하여 국민연금에 투입해야 합니다. 한국은 2021년 기준 GDP 규모 세계 10위, 수출 규모 6,445억 달러 세계 8위, 제조업 세계 5위로 세계에서 7개뿐인 30~50클럽(1인당 국민소득 3만 달러, 인구 5,000만 명)에 진입하였습니다. 그러나, 여전히 정부는 성장 중심 정책으로 국가 재

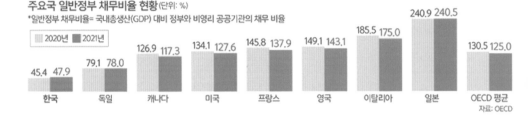

주요국 일반정부 채무비율 현황 (단위: %)
*일반정부 채무비율= 국내총생산(GDP) 대비 정부와 비영리 공공기관의 채무 비율

출처: 세계일보 2023년 4월 5일

정 운영계획에서 국민을 위한 복지를 외면하고 있습니다. 그 결과 세계 경제 규모 10위의 성장 그늘에 숨겨진 자화상으로 2023년 2분기 기준 가계부채 1,862조 8,000억 원에 이릅니다. 가계부채는 GDP 대비 비율이 매년 높아지고 있습니다. 원인은 세계 최고 수준인 소득 양극화 때문에 빚내서 과외시키고, 빚내서 집 사고, 빚내서 생활하는 형국이 되었기 때문입니다. 은행권과 대기업 건설사가 비싼 이자로 국민의 부채에서 이익을 챙겨가는 꼴입니다.

가계부채에 비하면 2021년도 기준 국가 채무는 47.9%로, OECD 평균 125%보다 훨씬 낮습니다. 한마디로 국민은 부채에 허덕이는데 정부는 아주 여유가 있다는 의미입니다. 다시 말하면, 국민으로 이전해야 할 부분이 제대로 이전되지 않고 있다는 것입니다.

OECD 회원국보다 국가 채무 비율이 상당히 낮기에 공적연금에 대한 재정 투자를 확대할 수 있습니다. 현재 정부는 부자 감세에 올

윤석열 정부는 부자 감세 때문에 긴축재정을 하고 있다.
긴축재정이 아니라 지금은 확장 재정을 해야 할 때다.
출처: 김용민과 시사텐트

인하면서 무려 59조 원이나 세금을 걷지 않았습니다. 그러면서 긴축
재정을 한다고 합니다. 가계부채가 임계점에 이르고 있는 지금, 긴축
재정이 아닌 확장재정을 통해 고물가, 저성장 시대에서 탈출해야 합
니다. 정부는 국민연금의 연기금 투자를 정부 맘대로 이용하고 있으
면서도 연기금 문제만 나오면 모른 척하고 있습니다. 저는 국민연금
개혁에서 정부의 책임성을 분명히 하지 않으면 답이 없다고 생각합
니다. 정부는 충분한 여력이 있습니다. 정부가 제 역할을 다하고 나
서 국민에게 더 내라고 해야 합니다.

전 세계적으로 대졸자와 고졸자의 임금 차이는 대략 40% 정도라고 한

다. 그런데 우리나라는 대졸자와 고졸자의 차이만 존재하는 것이 아니다. 대기업과 중소기업, 정규직과 비정규직, 남성과 여성의 차이까지 존재한다. 이러다 보니 고졸, 중소기업, 비정규직, 여성은 '언더 클래스'[20]라는 말까지 나오는 실정이다.

문제는 격차가 얼마나 나느냐가 아니라 고졸자, 전문대 졸업자도 최소 '일반 중산층'의 삶을 누릴 수 있는 '노동시장의 질과 구조'가 마련되어 있느냐이다.

이런 문제를 해결할 사회적 제도는 무엇일까?

———

위 질문의 문제점을 해결할 수 있는 것이 가칭 '청년노동연금'입니다. 최근 심각한 통계가 나왔습니다. 최종학교 졸업 이후에도 미취업 상태인 청년 백수가 126만 명에 달한다는 통계입니다. 상황이 이런데 윤석열 정부와 일부 광역단체에서 이미 시행 중인 '청년 장기근속 지원사업'마저 축소하고 있는 것으로 나타났습니다. 이는 청년들의 희망 사다리를 걷어찬 것과 다를 바 없습니다. 대기업과 중소기업, 정규직과 비정규직의 격차가 큰 우리나라의 경우 국가와 지방정부가 소득을 보전해주지 않으면 고용 의욕을 잃을 가능성이 매우 높습니다.

실업자의 증가는 고용시장에서 노동자의 입지를 약화해 더 열악한 처우로 이어질 공산이 큽니다. 그래서 실업률을 줄이는 것과 동시에, 기존에 직장을 다니는 사람들이 퇴직하지 않도록 하는 것이 중요합니다. 실업이 오래되면 취포자가 되고 이는 국가와 가계에 큰 부담이 됩니다. 청년층 고용률 하락을 막기 위해 중소기업 근로 조건 개선, 임금 격차 해소, 정규직과 비정규직 차별 해소, 경력 단절 해소, 기회의 사다리 복원 등을 위해 청년 일자리 지원사업이 절실합니다. 부자 감세를 메우기 위해 이런 중요한 사업을 폐기하는 윤석열 정부와 일부 광역단체까지 그렇게 나가는 것은 도무지 이해할 수 없습니다.

대한민국은 어느새 직업 간 소득 격차가 큰 사회, 결과가 정의롭지 못하며 희망의 사다리가 끊어진 사회, 부의 대물림을 넘어 지위와 명예까지 세습되는 불공정한 사회가 되어버렸습니다. 이런 불공정한 시스템으로 인하여 청년들이 일을 하면 할수록 오히려 소득 격차가 더 벌어지는 세상이 되었습니다. 이런 정의롭지 못한 사회를 바로 잡기 위해서는 청년들에게 계층 상승의 사다리를 복원해줄 패러다임의 전환이 필요합니다. 직업 간 소득 격차를 줄이고, 학력 간 임금 격차도 줄이며, 남녀 간 임금 격차도 줄여야 합니다. 그리고, 이러한 사회적 격차 해소 노력과 동시에 출발선이 다른 청년들을 위해 국가 재부의 재분배 정책으로 하나로 가칭 '청년노동연금' 신설을 제안합니다.

지금 우리나라에서는 세대 간 격차가 굳어지고 있습니다. 이미 많은 여론조사에서 자식 세대가 부모 세대보다 가난할 것이라고 예상합니다. 동시에 부의 대물림 현상이 완연해지고 있습니다. 이것은 지금이 사회적 재분배 원칙을 적용하여 격차 해소에 적극적으로 나설 때라는 것을 의미합니다. 언제까지 청년들에게 '영끌 투자', '코인 투자'를 권유할 것입니까? 근본적인 해결책을 생각해야 합니다.

처음에 '노인 기초연금(노령연금)' 제도를 제안했을 때, 그것이 노인 빈곤 해결에 얼마나 도움이 되겠냐는 회의적인 의견이 많았습니다. 그러나, 실제 지금은 노인 빈곤 문제에 있어 절대로 없어서는 안 될 제도이며, 매번 선거 때마다 금액과 범위가 넓어지고 있습니다. 가칭 '청년노동연금'도 그와 마찬가지일 것입니다. '청년노동연금' 제도는 사회적 소득 이전을 통해 학력 격차에서 오는 임금 격차와 직업 간 연금 격차를 해소하여 청년세대에게 희망을 심어주자는 취지의 제도입니다.

청년노동연금제도는 20~39세 사이의 임금 노동자로서 정규직·비정규직, 학력에 상관없이 국가산단, 지방산단, 지식산업단지, 테크노밸리 등 첨단산업 밀집 지역의 중소기업에 근무하는 근로자에게 국가와 지방정부가 협력하여 소득 보전 차원에서 추가로 연금을 납부해주는 제도입니다. 이는 노령연금처럼 현금으로 바로 지원하는 것이 아니라 국민연금과 별도로 '청년노동연금' 명목으로 추가 불입하는 제도로서 국민연금 크래딧과 유사한 제도라고 볼 수 있습니다.

청년노동연금의 재원 구성은 국가 부담 50%, 지방정부(광역 30%+

기초 20%) 부담 50%로 하고, 기여율은 현 국민연금과 동일하게 소득 월액의 9%로 책정하여 노동자가 가입한 국민연금과 청년노동연금을 합산하여 18%로 OECD 평균에 근접하게 설계하고, 소득대체율은 OECD 평균 50%를 적용합니다. 이 정책은 정책 효과가 구체화되는 시점까지 일몰제로 운용해도 충분할 것입니다.

지방정부가 청년노동연금에 한 주체로 참여하는 것은 재원 마련을 위해서입니다. 예를 들어, 삼성전자가 납부하는 법인 지방소득세가 있습니다. 이 돈은 전액 지방 재정으로 사용됩니다. 2022년을 기준으로 살펴보면 2023년 상반기에 A시 2,061억 원, B시 1,393억 원, C시 636억 원을 걷었습니다. 이 정도 규모라면 중소기업에 다니는 청년 노동자들에게 청년노동연금을 가입시켜 주고도 남습니다. 지금 지역 발전의 최대 과제는 지역 소멸을 막는 것입니다. 당연히 미래 청년 세대에게 투자하는 것이 가장 값진 지역 발전입니다.

정부 재정을 투입해 공무원, 군인연금을 보존해주는 것과 중앙정부와 지방정부가 함께 협력하여 청년세대의 연금을 보존해 주는 것은 취지나 방향에서 다르지 않습니다. 더구나 초고령화 사회로 진입하는 마당에 청년들이 갖는 국민연금에 대한 불신을 해소하고, 공적연금의 안정성을 위해서라도 도입을 시급히 검토해야 할 사안입니다. 현 청년 세대들이 노후에 충분한 연금을 받게 된다면, 장기적으로는 '기초연금' 수급 대상자가 줄어드는 효과가 발생, 실질적으로는 국가 재정 부담을 완화하는 역할도 할 것입니다.

가칭) '청년노동연금'의 기대 효과는 다음과 같습니다.

△ 국민연금 불신 및 수익 금액 불만 완화 △ 정규직과 비정규직 간의 임금 격차 해소 △ 대기업과 중소기업 간의 연금·임금 격차 해소 △ 고용 안전망 효과로 근로 소득 증가 △ 중소기업 취업 활성화 △ 저출생 문제 해결에 도움 △ 노인 빈곤율 하락 △ 생산가능 인구 증가 △ 학령 인구 증가 △ 전통 제조업 경쟁력 확보 △ 근로 의욕 상승 및 생산성 향상 △ 세대 간 갈등 완화 등으로 따뜻한 사회 공동체 구현

가칭 청년노동연금

1. 기여율 9% (OECD 평균에 근접)

 - 현재 국민연금 기여율 9% 와 동일하게 설계

　(국민연금+노동 연금=18%)

 * OECD 평균 기여율 18.2%

2. 소득대체율 50% (OECD 평균에 근접하게 설계)

 - 현재 국민연금 소득대체율 31.2%

 - OECD 평균 소득대체율 51.8%

3. 가입 대상자 (예시)

 - 국가산업단지 · 일반산업단지 · 도시첨단산업단지 · 농공단지 근무자

 - 중견 · 중소기업 노동자, 특수고용직 노동자, 40세 미만

 - 연간 소득 5,000만 원 이하 청년

※ 공무원 · 공기업 · 공공기관 · 산하기관 · 대기업 · 외국인 노동자
제외

4. 연금 납부 방식
 - 맞춤형 10년형, 20년형, 30년 등

최근 발표된 통계에 따르면 2022년 대비 2023년의 일자리 증가폭은 크게 줄어 거의 절반 수준으로 떨어졌다. 그중에서도 20대 일자리가 제일 많이 줄었고, 30대 일자리도 크게 늘지 않고 있다. 여전히 청년세대는 취업 빙하기를 걷고 있다. 그러다 보니 취업을 아예 포기하고 집에 머무는 청년의 수가 전체 구직 청년 중의 40%에 이른다는 통계도 있다.

우리 사회의 화두가 한때 '공정'이었던 적이 있었다. 하지만, '공정'이 곧 '정의'가 아니라는 것을 점차 느껴가는 사람이 많아지고 있다. 기회 균등과 공정이 곧 정의가 아니라는 것이다. 기회가 모두에게 균등하게 주어지고, 규칙에 따라 선발되도록 제도가 마련되어 있다 하더라도, 극히 소수만이 들어갈 수 있는 대기업-정규직만이 높은 보수와 미래를 보장받는 사회라면 그것은 정의로운 사회가 아니다. 더구나 대기업-정규직이 이른바 SKY를 나온 사람들만이 누릴 수 있는 특권이라면 그것을 아무리 '실력주의'로 포장하더라도 '정의'로운 것은 아니다.

지금 청년 세대들에게 필요한 것은 '기회 균등'이니 '공정'이니 하는 것이 아니라 고졸이든, 대졸이든, SKY 출신이든 비정규직이든 일정한 보수와 미래가 보장되는 삶을 살 수 있는 '평등한 사회 구조'이다.

모든 것이 한꺼번에 바뀌지 않겠지만 이것으로 가는 좋은 대안이 있다면 알려달라.

━━━━━

우리는 공정과 정의를 착각합니다. 마치 원인과 결과를 거꾸로 생각하듯, 기회가 균등하게 주어지는 공정이 실현되면 결과도 정의로운 것으로 생각합니다. 그런데 실은 그렇지 않습니다. 공정과 정의는 전혀 다릅니다. 공정하다고 결과가 꼭 정의로운 것은 아닙니다. 또, 실력주의를 숭상합니다. 실력주의란 개인의 실력에 따라 사회적 재화를 배분하는 사회가 공정하다고 믿는 믿음 체계입니다. 그런데, 실력주의는 공정한 분배 체계가 아니라 승자독식의 그럴듯한 이름일 뿐입니다. 개개인의 실력 형성 과정은 도외시한 채 실력 중심의 평가 방법과 제도에만 골몰하면서 승자독식의 실력주의를 계속 강화해왔습니다.

한국 사회는 전사 사회와 같습니다. 전사의 자녀만 전사가 될 수 있던 사회에서, 누구나 의지만 가지면 전사 시험을 볼 수 있는 기회가 주어진 사회입니다. 겉으로는 공정하고 기회 균등의 사회 같지만, 문제는 전사의 수입니다. 전사의 수가 늘지 않는다면 기회 균등은 무한경쟁을 불러와 오히려 불평등을 더 심화시킵니다. 즉, 불평등한 사회적 구조를 그대로 두고 같은 조건에 같은 기회 부여에 그친다면 실제 좁은 문으로 들어가지 못한 청년들은 낙오자로, 패배자로 살 수밖에 없는 사회가 될 것입니다.

불평등한 사회적 구조를 그대로 두고 좁은 문으로 기회를 잡아서

들어가라고 한들 얼마나 많은 청년이 들어갈 수 있을까요? 지금 필요한 것은 기회 균등이나 기회의 확장이 아니라 '정의로운 결과'가 가능하도록 먼저 만드는 것입니다. 청년들의 미래를 지원하는 것이 우선입니다. 저는 이를 '청년 안전망 플랫폼'이라고 이름 짓고 추진할 것을 제안합니다.

'청년 안전망 플랫폼'의 방향은 다음과 같습니다. 우선 정부가 추진하고 있는 사업을 제외하고 별도로 추진할 수 있는 내용입니다.

△ 교통 요금 100% 지원 △ 전철·GTX와 연결된 청년 기본주택 공급 △ 청년 보증시스템 운영 △ 신도시 창업 지원 △ 시·군별 청년 창업센터 제공 △ 청년국 신설(도·시·군) △ 청년 예산 확보(본 예산 대비 5% 이상 책정)

'청년 안전망 플랫폼'은 한마디로 청년들이 취업하고 창업하며 자신의 미래를 만들어나갈 수 있도록 지원하는 패키지 프로그램을 의미합니다. 이 모든 활동은 청년 일자리 창출이라는 하나의 목표를 추구합니다. 한국 고용시장은 갈수록 노인 일자리 위주로 재편되고 있습니다. 청년들이 일할 수 있는 양질의 일자리를 만들어내는 것이 정책의 최상위 목표여야 합니다. 일자리를 늘려야 불공정이 개선됩니다.

일자리 증가 추이

전년 동기 대비, 단위: 만 개

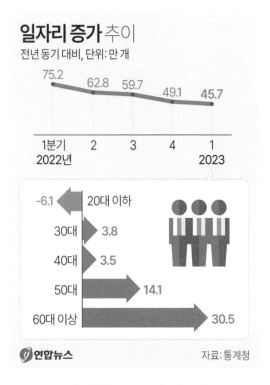

	75.2	62.8	59.7	49.1	45.7
	1분기 2022년	2	3	4	1 2023

-6.1 ◀ 20대 이하

30대 ▶ 3.8

40대 ▶ 3.5

50대 ▶ 14.1

60대 이상 ▶ 30.5

연합뉴스

자료: 통계청

※출처: 연합뉴스 2023년 8월 25일

3장

천사백만의 경제공동체
'더 메가시티 경기'를 꿈꾼다

"'메가시티 서울'은 소름 끼치는 말입니다. 경기도민들은 지난 수십 년간 수도권 과밀화 억제라는 족쇄 아래 엄청난 고통을 받았는데, 그 문제는 뒤로 하고 갑자기 '서울'을 늘리 겠다고요? 언제까지 경기도민을 달걀의 흰자 취급할 겁니까? 그러면서 국민의 힘은 '부산·울산·경남 메가시티'조차하지 않고 있는데, '서울 메가시티'라니요? 아무리 선거라 도 이건 아닙니다. 경기 메가시티는 오랫동안 제가 꿈꿔왔던 지향점입니다. 경기도를 초 고속교통망으로 연결하여 하나의 초광역권으로 만들어서, 1,400만 경기도민 누구나 경제 활동에 참여하고, 경기도의 동서남북이 고르게 발전하는 '경기 메가시티'는 경기도가 가 야 할 길입니다."

천사백만의 경제공동체
'더 메가시티 경기'

**경기도는 어떤 지방인가? 경기도만의 역사와 문화는 무엇이고, 경기도
민이 자부심을 가질 수 있는 특성은 무엇이 있을까?**

▬▬▬

경기도의 역사는 천년을 거슬러 올라갑니다. 지금까지 서울의 변방
으로, 서울을 보조하는 지역으로 인식돼 경기도민조차도 그렇게 오
랜 역사를 지닌 전통 있는 지역라는 생각을 못 하는 것 같습니다. 경
기도는 지리적으로 한반도의 중심에 위치하며, 지정학적 교통의 중
심지이며, 지대물박(地大物博, 땅이 넓고 산물이 많음)으로 의식주를 해
결하기 좋은 위치로 하여 선사시대부터 한강을 중심으로 사람이 거
주하기 시작했습니다. 특히 경기도는 한강과, 이를 이루는 남한강
과 북한강이 만나 큰 강을 품고 있으며, 임진강과 한탄강과 같은 크
고 작은 강들이 곳곳에 뻗어 있습니다. 특히 '다다른 포구'라는 뜻의

임진강 이름에서 알 수 있듯이 예로부터 수상 무역이 활발한 지역이었습니다. 경기평야를 중심으로 한 농경문화에서, 경기 서부에 '경기만'을 중심으로 하는 해양 문화, 연안 문화까지 경기도는 없는 것이 없는 곳입니다.

우리나라 역사책에 아랍 상인들이 등장하는 데 그들이 온 곳이 바로 벽란도입니다. 그 벽란도항이 예전에는 경기도였습니다. 경기민요, 경기미 등 수많은 무형, 유형의 문화유산을 보유한 고유한 전통과 문화를 가진 곳이 바로 경기도입니다. 경기도의 정신 문화적 전통을 정리하면, 선사시대 이전부터 가장 먼저 정주가 시작된 도전 정신, 고려 시대에 국제항으로 이름을 떨친 벽란도의 개방 정신, 수원화성 건축 등 정조의 개혁 정신, 다산 정약용의 실용 정신 등을 꼽을수 있습니다. 경기도민의 정체성을 도전성, 개방성, 개혁성, 실용성으로 요약할 수 있습니다.

경기도는 행정적으로 보면, 2022년 기준으로 대한민국 인구의 26%인 1,390만 명이 거주하고 있는 전국 최대 광역 자치단체(지방정부)입니다. 경제 규모는 2020년 12월 기준으로 대한민국 수출액의 22.5%를 차지하며, 통계청이 발표한 '2020년 지역 소득' 통계에 따르면 2020년 전국 지역내총생산은 1,936조 원으로 경기도가 487조 원으로 서울시 440조 원보다 더 많습니다. 수출 총액은 2021년 기준 1,379억 달러이며, 대한민국 주력 수출 상품인 반도체 수출 중

34.5%가 경기도에서 수출되었습니다. 한마디로 대한민국 경제 중심이 경기도인 것을 보여줍니다.

　무엇보다 경기도는 '산업 대전환'의 모범을 만들어왔습니다. 1970년대 산업화 시절 서울의 청계천과 구로공단에서 시작한 산업화의 열기가 자동차 부품, 화학제품 등이 자리 잡은 안산 반월공단으로, 수원의 대규모 방직공장으로 이어졌습니다. 그러나 경기도는 서울의 부족한 공장과 인력을 메워주는 곳에 머물지 않았습니다. 아주 간단한 전자제품을 생산하던 삼성전자 수원 망포리 공장은 삼성전자 본사가 들어서며 당당히 글로벌 전자산업의 중심지가 되었습니다. 가전제품에서 출발한 반도체는 화성과 평택으로 확대되면서 글로벌 공급망의 허브가 되었습니다. 이천에 자리 잡은 SK하이닉스와 더불어 세계 반도체 시장을 석권하고 있습니다. 화성에 자리 잡은 현대·기아그룹 자동차 연구소에서는 자율주행 자동차 시험이 이뤄지고 있습니다.

　경기도의 시작은 비록 미미했지만, 경기도는 거기에 머물지 않고 끊임없이 혁신하여 마침내 세계 최고 수준의 산업 도시가 되었습니다. 지금도 평택 반도체 공장은 증설되고 있으며, 전국에서 반도체 인재들이 모이고 있습니다. 경기도는 누구나 와서 자신의 꿈을 실현할 수 있는 곳으로 개방적인 도시입니다. 아마도 이런 역사와 정체성을 가진 도시는 전 세계에서도 많지 않을 것입니다. 경기도의 도전 정신, 실용 정신, 개방 정신은 단순히 역사에서만 생긴 것이 아니라 경기도민의 심장에 살아 뛰고 있습니다.

한편, 최근 들어 경기도는 개혁 정신의 메카로 주목받았습니다. 가장 먼저 경기도 진보 교육감이 전국 최초로 '무상급식'을 하고, '혁신 교육'을 전면화했습니다. 이후 이 정책은 모든 교육청과 지자체로 확산하였고, 이어 '무상 교복'까지 확대되었습니다. '청년 기본소득'으로 유명한 기본소득도 최초로 실시한 곳이 경기도입니다. '지역화폐'라는 생소한 개념을 안착시킨 곳도 경기도이며, 코로나 팬데믹 시기 '전 국민 재난지원금'을 최초로 제안하고 실천한 곳이 경기도입니다.

이렇듯 대한민국 혁신 정책의 출발점은 언제나 경기도였습니다. 이제 하나 남은 것은 천년 경기의 역사와 전통 그리고 경기도의 개혁 정신이 1,400만 도민 모두의 자부심으로 자리 잡는 것입니다. 이미 충분히 자부심과 긍지를 가질 수 있는 상황이라는 점을 인식하고 모든 도민이 이런 자부심과 긍지를 가질 수 있도록 더욱 노력해야 할 것입니다.

그러나 아직 경기도민이라는 자부심이 높지 않은 것 같다. 그 이유는 무엇이고 경기도민을 하나로 통합할 수 있는 방법은 무엇이라고 생각하나?

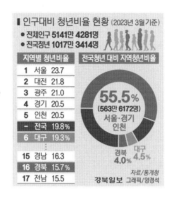

출처: 우원식 의원실의 자료를 바탕으로 경북일보 보도, 2023년 3월 15일

인구 1,400만 경기도는 지속해서 인구가 증가하여 광역단체 중에서 가장 많으며 네덜란드와 비교되는 인구를 가진 거대 지방정부로 성장하고 있습니다. 또한 첨단 산업을 주도하고 발전 잠재력까지 갖추고 있어 대한민국을 대표하는 경제도시입니다. 경기도의 인구는 서울이 감소하는 것에 비해 빠르게 늘고 있으며, 오히려 젊어지고 있는 도시입니다. 서울보다는 적지만 전체 인구 중 청년 비율이 20.5%로 절대 수치로는 전국 최고입니다.

이렇게 성장하고 젊은이들이 모여드는 경기도지만 그동안 경기도 민이라는 정체성이 부족했습니다. 바로 '경기도는 서울을 위해 존재한다'라는 오래된 관습적 인식 때문입니다. 경기도는 이제 수도 서울을 먹여살리기 위해 존재하던 변방 도시가 아니라 대한민국의 중심,

글로벌 중심 도시가 됐습니다. 그러니 이제 서울과 경기도를 묶어서 '수도권'이라는 개념으로 정작 '경기도민'만 소외시키고 배제하는 정책은 사라져야 할 때입니다. 경기도라는 소속감을 부여해줘야 합니다. 이것이 경기도의 통합을 위한 메가시티의 첫걸음입니다.

경기도의 정체성 찾기가 왜 통합의 출발점인지 자세히 말씀드리겠습니다. 한국 사회가 전반적으로 '지위 경쟁 사회'다 보니 사회적 폐쇄가 일상화되었습니다. 그 결과 서울과 경기도의 격차와 차별도 당연한 것으로 인식되었습니다. 서울의 혐오시설, 기피 시설은 '수도권 광역시설'이란 그럴듯한 이름으로 전부 경기도에 몰려 있습니다. 대표적인 것이 바로 '팔당 상수원'입니다. 서울 시민이 먹는 물을 위해 경기 동북부 지역이 '상수원 보호구역'으로 묶여 희생되고 있는 것입니다. 군부대가 밀집해 있는 '접경지대'는 국가의 안보와 관련된 문제이니 그럴 수 있다고 해도, 하수처리장, 쓰레기 소각장 심지어 레미콘 공장까지. 서울은 안 되고 경기도는 된다는 논리로 마구잡이로 건설되었습니다. 그 결과 경기도는 일종의 피해의식을 갖게 되었고 이런 피해의식은 2등 시민이란 열등감으로 자리 잡았습니다.

경기도민이라는 자부심, 자긍심이 부족한 가운데 경기도 시군별 '지위 경쟁'이 벌어집니다. 일산, 분당, 평촌과 같은 1기 신도시, 판교, 광교, 동탄, 파주, 김포와 같은 2기 신도시와 구도심 간에 '구별 짓기'가 일어나고, 수원, 안양, 고양, 부천, 광명, 과천, 성남과 같은 도시와

양주, 포천, 양평, 연천, 가평, 여주, 이천, 안성과 같은 농촌의 '구별 짓기'가 진행되었습니다.

그러나 정보통신 기술의 발달과 소득 수준이 향상되면서 도농 간의 격차에 의한 구별 짓기는 의미가 없습니다. 평택, 양주, 남양주, 화성, 용인, 광주 등 과거 도농복합형 도시들의 도시화도 급속히 진행되어 농도냐 도농복합이냐의 구분도 의미가 없어졌습니다. 이런 지역적 변화를 바탕으로 이제 경기도는 하나의 정체성을 공유한 도시로 거듭나야 합니다. 제가 '경기 메가시티'를 주장하는 이유입니다.

경기 메가시티라는 정체성이 도농통합, 격차 해소에 절대적 출발점이 될 것입니다. 메가시티 우리말로는 '초광역권'[1]이라고 하는데 이는 행정구역은 구분되어 있으나, 일상생활 또는 경제활동이 기능적으로 연계된 공간 집적체를 의미합니다.

여러 개의 도시 단위를 묶어 규모의 초광역 공간을 만들어 경제적, 문화적 이익을 누리는 것을 메가시티(mega-city), 글로벌 도시지역(global city-region), 메가시티 리전(mega-city region) 등 다양한 개념으로 불리고 있습니다.

메가시티(초광역권)는 국가 균형발전을 위한 정책뿐만 아니라 세계경제를 좌우하는 핵심적 논쟁거리가 되었습니다. 일반적으로 메가시티는 핵심 도시를 중심으로 일상생활이 가능하며 주변 지역과 기능적으로 연계된 인구 1,000만 이상의 도시를 의미합니다. 세계적으로

도 메가시티는 2018년 33개에서 2020년 43개로 증가하고, 전 세계 인구에서 차지하는 비중도 6.9% (2018년)에서 8.8%(2030년)로 확대 될 전망입니다.

메가시티에 대한 논의는 여러 개의 도시 또는 그 외곽의 지역들이 인구 폭증, 신도시 개발 등으로 인해 도시 외연의 확장 등을 통해 지 역끼리 행정구역을 넘어 섞이면서 마치 하나의 도시처럼 대도시·동 일 경제권역으로 묶이는 현상들이 발생하면서 본격적으로 시작되었 습니다. 정보통신의 발달, 교통수단의 속도화가 이뤄지면서 생기는 자연스러운 현상입니다. 혹자는 행정수요와 혼동하는데, 행정수요란 법적으로 자치단체(지방정부)의 행정서비스는 해당 지자체 거주자에 게 주어져야 하지만 실제로는 외부에서 유입되는 주민들에게도 동 일한 행정서비스를 추진해야 한다는 의미로서 실제 인구와 행정수 요는 다르다는 개념에서 출발한 것입니다. 하지만 메가시티 논의는 행정수요보다는 동일 경제권, 동일 생활권 등 경제·문화적 요소가 더 크게 작용합니다.

예를 들어, 프랑스도 우리나라 행정구역 '도'에 해당하는 '레지옹 (주)' 통합을 추진하여 2016년에 22개에서 13개로 통합했습니다. 영 국도 지자체 연합기구를 구성하여 도시권 중심으로 광역적 지역 발 전을 추진 중입니다. 이처럼 메가시티 리전은 전 세계적 흐름입니다.

원래 도시라는 공간은 국가 기능의 유지를 위해 가장 유용한 정책적 공간이라고 합니다. 도시에는 정치, 경제, 사회, 문화 등 다양한 기능이 집적되어 있으며, 국가는 도시의 기능을 유지, 확대, 전환하는 일련의 과정을 통해 세계와 경쟁합니다. 단지 도시라는 공간에 한정되는 것이 아닙니다. 메가시티를 통해 한 도시는 다른 도시 그리고 더 넓게 주변 배후 지역과 폭넓은 연결을 통해 행정적, 경제적 공간이 무한대로 확대됩니다. 이를 통해 규모의 경제, 공공의 이익을 창출합니다.

이렇게 메가시티, 메가시티 리전은 국가균형발전, 수도권과의 경쟁, 글로벌화 등 다양한 이유와 목적으로 힘 있게 추진되고 있습니다. 경기도 역시 이 흐름에서 예외일 수는 없습니다.

경기도는 메가시티를 구축하기에 최적의 조건을 갖춘 곳입니다. 인구 100만이 넘는 수원, 용인, 고양 그리고 100만에 육박하는 성남, 화성시 등을 거점으로 하여 거미줄처럼 연결한다면 메가시티는 완성될 수 있습니다. 그러면 동시에 북부로는 연천, 포천, 가평, 남부로는 평택, 안성, 동부로는 여주, 이천 등이 하나의 초광역권으로 묶여 도시와 똑같은 혜택을 볼 수 있습니다.

권역별 초광역협력 추진현황

대전·세종·충북·충남
"글로벌 신성장 엔진의 중심, 충청권 메가시티"

추진 전략	4차산업혁명 특별권역 미래산업 메카, 국가 기능 특화·연계 균형발전 허브
기대 효과	2040년 인구 600만 명, 전 지역 50분 생활권, 국내외 기업 유치 2,000개, 신규일자리 24만개, 온실가스 2억16백만톤CO2eq 감축(5년간)
향후 계획	특별지자체 설치·운영('24년 내) 후, 충청권 행정통합 추진(중장기)

대구·경북
"2040 글로벌 경제권, 통합대구경북"

추진 전략	(산업혁신) 대한민국 혁신성장의 사다리 (인재혁신) 미래형 혁신인재 1만명 플랫폼 (공간혁신) 공항·항만 연계 환태평양 글로벌 허브
기대 효과	2040년 인구 550만 명, 실질 GRDP 300조, 벤처 중소기업 5,000개, 외국인 관광객 800만 명
향후 계획	특별지자체 설치·운영('22년 하반기) 후, 대구경북 행정통합 추진(중장기)

광주·전남
"동북아 신성장의 시작, 광주전남 메가시티"

추진 전략	(광역+광역) 글로벌 에너지 허브 구현 (광역+기초) 광주·인접 5개 시군 상생발전 전략 수립 (광역+광역) 남해안남부권 연계 신성장축 도약
기대 효과	2040년 인구 500만 명, 실질 GRDP 200조, 기업유치 2,000개 사, 일자리/인력양성 20만 명
향후 계획	'24년 내 특별지자체 설치 후 권역·권역 간, 광역 기초 간 협력 지속 추진

부산·울산·경남
"부울경, 동북아 8대 메가시티"

추진 전략	기후 위기 대응 선도, 혁신 기반 동반 성장, 공간 압축 초광역 인프라
기대 효과	2040년 인구 1,000만 명, 전 지역 1시간 생활권, 실질 GRDP 491조, 외국인 관광객 1,000만 명
향후 계획	'22년 1사분기 내 특별지자체 설치

출처: 신아일보 '지역 경계 없앤 '초광역 메가시티 구축' 시동' 2021년 10월 14일

경기 메가시티 구상 (위 이미지는 예시임)

서울 메가시티냐, 경기 메가시티냐? 어디가 먼저일까?

국민의힘이 뜬금없이 김포의 서울 편입을 주장하다, 논리가 부족하자 '서울 메가시티'를 들고 나왔다. 경기 메가시티와 서울 메가시티는 무엇이 다른지 살펴보고, 서울 메가시티의 타당성을 따져보자.

먼저, 서울 메가시티는 개념부터 잘못됐다. 메가시티는 행정구역이 다른 도시와 도시 간을 초광역권으로 연결하는 것이다. 서울 메가시티는 서울특별시 행정구역, 양보해서 김포를 편입하더라도 어차피 서울행정구역 안이다. 이 범위로 하는 것으로 메가시티가 될 수 없다. 이미 서울은 영문명으로 SEOUL METROPOLITAN 즉, 서울 거대도시라는 이름을 사용하고 있다. 따라서, 서울 메가시티는 엄밀한 의미의 메가시티가 될 수 없다. 만약 서울 메가시티를 하려면 서울-경기-인천을 합쳐 수도권 메가시티는 가능하며, 이런 논의는 이미 오래전부터 있었다. 다만, 수도권 과밀화 억제와 국토 균형 발전이라는 국가적 목표에 비춰 '수도권 메가시티'는 적절하지 않다는 것이 중론이다.

경기 메가시티는 경기도의 31개 시·군을 하나로 연결하여 초광역권을 만드는 것으로 메가시티 개념에 부합한다. 또, 경기도가 서울 때문에 긴밀히 연결되지 못하는 상황, 경기도의 외곽은 농촌, 어촌 등이라는 지리적, 자연적 조건 등을 고려했을 때 메가시티로의 발전이 경기도 발전과 부합한다.

국가 균형발전의 차원에서도 서울 중심성으로 인해 상대적으로 피해를 받고 있는 경기도의 발전이 곧 국가 균형발전이라는 측면에서도 정확히 부합한다.

경기도는 전통적인 도농산어촌 복합형 지역이다. 인구 100만이 넘는 대도시가 5개나 있는 반면, 인구 3만을 넘기기 힘들어 소멸 위기에 있는 지역도 있다. 어촌도 있고 산촌도 있다. 신도시는 학교가 부족해 아우성치지만 반대로 농촌에는 학생이 없어서 난리다. 농촌소멸 문제, 어떻게 해결해야 하나?

————

지방소멸에 대한 대안은 '국가 균형발전'입니다. 그리고, 지금 당장 절실한 것은 '지방거점국립대학교'에 대한 전폭적 예산 투입으로 서울대에 준하는 명문대를 만드는 것이라고 이미 밝혔습니다. 청년들이 자기 지방을 떠나지 않고도 우수한 대학에서 공부할 수 있고, 대학은 연구 중심대학으로 거듭나 새로운 연구와 창의적 기술을 만들어낸다면 대기업이든 좋은 기업이든 그곳으로 몰릴 수밖에 없습니다. 아무리 좋은 기업도 인재가 수도권에만 집중되어 있다면 수도권을 떠날 수 없는 것은 자명한 이치입니다. 양질의 일자리와 명문대학은 동전의 양면과도 같습니다. 그런 조건을 만들어놓지 않고 지방소멸에 대한 대책을 세우는 것은 공염불일 것입니다.

경기도 역시 지방소멸 위기를 겪고 있습니다. 경기도의 지방소멸은 학령인구 감소의 비율에 따라 진행됩니다. 다른 나라와 비슷한 패턴을 밟고 있는 것입니다. 가장 비슷한 것은 인적, 물적 자원이 집중된 수도권으로 인구가 집중되는 것입니다. 그런 가운데, 경기도의 경우 집중도의 격차가 크게 벌어집니다. 다음 표는 경기도 내에서도 발생하고 있는 지역 격차를 보여줍니다. 증가하는 시·군이 있지만 감소하는 곳도 있으며 주로 농촌형 도시에 집중되어 있습니다.

농촌형 도시의 소멸만이 문제는 아닙니다. 2023년 5월 25일 연합뉴스에 보도된 내용에 따르면, 전국 최대 광역지방자치단체인 경기도마저 44년 후인 2067년에는 31개 시·군 중 30곳이 인구소멸 고위험 지역이 될 것으로 전망돼 적극적인 대응이 필요하다는 보고서가 나왔습니다. 충격적인 것은 전국 최대 광역단체인 경기도 역시 44

경기도 소멸위험지역

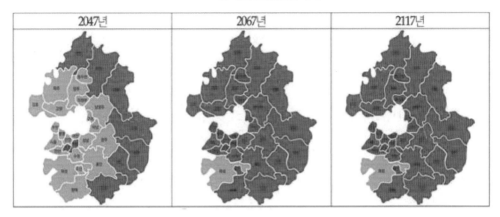

2047년	2067년	2117년

출처: 감사원(2021.7). 『감사보고서-인구구조변화 대응 실태』 1(지역)

년 후엔 인구소멸이 된다는 것입니다.[2] 전국적 범위에서 진행되는 인구소멸 위기가 경기도라고 비껴가지는 않는다는 경고입니다.

경기도의 대안은 농촌소멸 위기에 적극적으로 대응하면서 동시에 대한민국 전체가 안고 있는 인구소멸 위기를 동시에 극복하는 것이 과제일 것입니다. 우선 경기도 내의 농촌소멸 위기에 대한 대응으로 경기도를 하나로 통합할 수 있는 메가시티를 구현하는 것입니다. 이는 곧 '규모의 경제'를 형성하여 상대적으로 교육, 병원, 교통 인프라가 부족한 농촌형 도시지역에 적절한 기반 시설을 제공할 기회가 될 것입니다. 즉, 적절한 자원 배분이 가능해진다는 것입니다.

경기 메가시티는 경기도를 4개 축(남부축·동부축·서부축·북부축)으

경기도 인구 증감 순위 (2020년)

순위	시·군	인구수(명)	증감	순위	시·군	인구수(명)	증감
1	수원시	122만	증	16	광명시	30만	감
2	용인시	109만	증	17	하남시	29만	증
3	고양시	109만	증	18	군포시	28만	감
4	성남시	95만	감	19	오산시	23만	증
5	화성시	89만	증	20	양주시	23만	증
6	부천시	84만	감	21	이천시	22만	증
7	남양주	72만	증	22	구리시	19만	감
8	안산시	70만	감	23	안성시	19만	증
9	평택시	56만	증	24	의왕시	16만	증
10	안양시	55만	감	25	포천시	15만	감
11	시흥시	53만	증	26	양평군	12만	증
12	김포시	49만	증	27	여주시	11만	감
13	파주시	39만	증	28	동두천시	9만	감
14	의정부	30만	증	29	과천시	6만	증
15	광주시	39만	증	30	가평군	6만	감
				31	연천군	4만	감

출처: 2020년 12월 31일 기준. 경기도 통계

로 나눠 유기적으로 연결하여 동반 상승을 극대화하고, 도농 간의 격차, 동서 간의 격차, 남북 간의 격차를 모두 극복하는 경제공동체를 만들어 경기도의 글로벌 경쟁력을 높이게 될 것입니다. 경기도만의 별도의 통계는 없지만, 각국 주요 메가시티가 전체 GDP에 차지하는 비율을 기준으로 계산된 통계를 보면 서울, 경기, 인천을 합친

도시별 GDP 순위

Rank (PPP)	Rank (nominal)	Metropolitan area	Country/region	UNSD subregion[4]	Visual Capitalist[5] 2021 est. GDP (billion US$)	Visual Capitalist[6] 2021 est. PPP-adjusted GDP (billion US$)
1	1	Tokyo	Japan	Eastern Asia	2,055.698	2,205.652
2	2	New York	United States	Northern America	1,874.398	1,874.398
3	3	Los Angeles	United States	Northern America	1,133.627	1,133.627
4	6	Seoul	South Korea	Eastern Asia	926.790	1,125.042
5	4	London	United Kingdom	Northern Europe	978.402	1,064.297
6	5	Paris	France	Western Europe	934.168	1,036.925
7	10	Shanghai	China	Eastern Asia	633.935	1,018.815
8	16	Moscow	Russia	Eastern Europe	504.808	1,004.849
9	12	Beijing	China	Eastern Asia	591.374	950.671
10	8	Osaka–Kobe	Japan	Eastern Asia	699.474	897.418
11	50	Istanbul	Turkey	Western Asia	247.312	858.706
12	34	Jakarta	Indonesia	South-eastern Asia	308.250	841.605

출처: 비주얼 캐피털리스트 홈페이지 (www.visualcapitalist.com) 2022년 3월 27일 자
"Global Wealth GDP Nominal Distribution: Who Are The Leaders Of The Global Economy?"

수도권이 세계 4위에 매겨져 있습니다.

서울, 인천을 제외하고 경기도만 구분할 수 있습니다. 실제 수도권 GDP는 4:3:2의 비율이기 때문입니다. 그렇게 추산한다면 경기 메가시티의 글로벌 도시 경쟁력은 14위권으로, 중국의 베이징보다는 낮지만 미국의 보스턴, 필라델피아, 캐나다의 토론토보다 높습니다. 경기 메가시티로 시너지가 극대화된다면 글로벌 상위 10위 진입도 가능할 것입니다.

전국적 인구소멸 위기 대응은 위에서 언급하였으므로 따로 언급하지는 않겠습니다. 다만, '수도권 집중 문제가 계속 제기되는 상황에서 경기 메가시티가 오히려 수도권 집중을 부추기지 않겠는가' 하

는 문제에 대해서는, 경기 메가시티는 새로운 것을 더하겠다는 것이 아니라 경기도의 정체성을 세우고, 경기도 내의 경제적 자원을 효과적으로 재분배하여 균형발전, 글로벌 경쟁력 강화를 추구하려는 정책임을 분명히 말씀드리겠습니다.

전국적 인구소멸, 지방소멸의 상황을 개선하기 위해서는 '지방거점국립대학교'에 대한 집중 투자, 최첨단 기술 인재 육성 등을 통해 극복해가야 한다고 생각합니다. 경기도에 반도체 및 ITC 산업 기반이 마련되어 있습니다. 이것은 국가 전체 경쟁력 차원에서 내려진 것입니다. 이 부분을 경기도는 더욱 발전시켜 나갈 것입니다. 그러나 항공우주, 첨단 소재, 양자컴퓨팅 등 4차 산업혁명으로 인해 앞으로 더 개척해야 할 산업 분야는 국토 균형발전의 측면에서 전국에 골고루 배치되어야 한다고 생각합니다.

그리고, 경기 메가시티의 꿈처럼, 부·울·경 메가시티, 충청 메가시티, 광주·전남 메가시티도 추진되기를 희망합니다.

2

'더 메가시티 경기'를 완성하는 경기도형 우물정자(井)형 교통망: GTX 그리고 트램과 수요응답 버스

'나의 해방일기'라는 드라마가 큰 반향을 일으켰다. 그 드라마에 보면 직장, 친구 관계 등 여러 가지 복잡한 이유로 서울을 생활권으로 할 수밖에 없지만 정작 서울로 가려면 시간과 교통비가 너무 많이 들며, 그렇다고 서울에 방을 잡고 생활하기란 하늘 높은 줄 모르고 치솟는 집값에 엄두도 내지 못하는 경기도민의 애환이 잘 그려진다. "경기도민은 인생의 20%를 대중교통에서 보낸다"라는 우스갯소리처럼, 수도권에서 서울로 출근하는 직장인은 더 많은 시간을 출퇴근에 들여야 한다. 국토교통부의 '2020 수도권 대중교통 이용 실태'에 따르면 수도권에서 서울로 대중교통을 이용한 직장인은 출근에 평균 1시간 27분을 사용했다. 경기도에서 서울까지는 편도 1시간 24분이 소요된 것으로 나타났으니 이 말이 그리 틀린 말은 아니다.

경기도민의 교통난에 근본적 해결책은 없을까?

경기도의 주요 현안은 뭐니 뭐니 해도 교통입니다. 왜 그럴까요? 발전을 빠르게 거듭해 국내 최대의 지방자치단체로 거듭난 경기도지만, 교통 문제의 해결은 아직도 요원하기 때문입니다.

2020년 4월 국토교통부가 발표한 '수도권 대중교통 이용 실태 분석'에 따르면 2019년 기준 경기도에서 서울까지는 1시간 24분이 걸린 것으로 나타났습니다. 그런데, 이것은 편도 기준입니다. 교통카드를 찍고 버스나 지하철로 이동하는 시간만 잰 것이 이 정도입니다. 보통 경기도에서 서울로 통근하는 직장인의 경우 집에서 전철역 또는 광역버스 타는 곳까지 마을버스나 도보로 이동해야 하므로 왕복으로 치면 최소 하루에 3시간이 넘게 걸리는 것으로 추정됩니다.[3]

'나의 해방일기'라는 드라마에는 이런 대사가 나옵니다.

"걔가 경기도를 뭐라 한 줄 아냐? 경기도는 달걀흰자 같대. 서울을 감싸고 있는 달걀흰자."

주인공이 애인과 헤어진 이유를 찾으면서 하는 대사입니다.

경기도민이라면 특히, 서울로 통근하는 사람이라면 자신이 '노른자'인 서울에 태어나지 못한 것을 한 번쯤은 탄식했을 것입니다. 밝을 때 퇴근해도 집에 도착하면 깜깜한 밤이 되고, 저녁 약속이 있으면 막차 시간을 확인해야 하고, 차가 끊기지 않도록 일찍 일어서야 하는 것은 기본입니다. 그것도 안 되면 결국 비싼 택시를 타야 합니다. 이러니 교통 문제가 경기도의 제1의 과제가 되는 것은 당연합니다.

비단 경기도-서울 통근만 그런 것이 아닙니다. 2020년도 조사에 따르면, 지역 내에서 이동하는 경우 서울은 47분이면 이동할 수 있었지만 경기도는 1시간 36분이 걸리는 것으로 나타났습니다. 더구나 경기도의 경우 도시와 도시 간의 교통이 곳곳에 끊어져 있거나, 같은 경기도인데 서울을 거쳐서 이동해야 하는 어처구니없는 상황도 발생합니다.

통계청이 지난 2021년 11월 29일 발표한 '2020 인구주택총조사 표본 집계 결과'에 따르면, 서울로 이동하는 인구는 143만 6천 명인데 이 중 125만 6천 명은 경기도에서 서울로 통근·통학 인구라고 합니다. 통근율은 51.4%로 2015년(53.4%)보다 2%P 감소했으며 통학률도 2.9% 감소한 10.4%로 집계됐습니다.[4] 126만 명의 통근자를 위해, 여전히 경기도의 교통 문제에서 중심은 서울로의 통근 시간 단축입니다. 그다음은 경기도 내 도시와 도시 간의 이동 시간을 단축시키는 것입니다. 이렇게 두 가지가 경기도 교통 문제 해결의 우선 과제라고 할 수 있습니다.

목표는 서울 통근 시간을 30분 이내로 단축시키는 것, 도시와 도시 간의 이동 시간을 1시간 이내로 단축시키는 것을 설정할 수 있을 것입니다. 목표 달성을 위한 수단은 우선 광역고속철도(GTX)를 확대하는 것입니다. 이미 경기도는 대선과 지선을 거치면서 'GTX 플러스 프로젝트'라는 이름으로 GTX-A·B·C 노선의 연장, GTX-D

·E·F 노선 신설, GTX-G 노선 추가 등을 경기도민에게 제시한 바가 있습니다. 이에 더해 서울을 거치지 않고 자유롭게 시간을 단축하여 경기도 전역으로 이동할 수 있도록 '경기도형 우물정자(#) GTX 노선' 신설을 제안합니다. 경기도형 우물정자(#) 노선은 다음 페이지에서 설명드리고자 합니다.

저는 용인 반도체 클러스터의 입주 환경을 개선하고 경기도 어디에서든 용인 반도체 클러스터로 도착할 수 있도록 GTX-G 노선을 추가하여 GTX-D 노선과 교차시켜 'U자형 반도체 노선'으로 추진하고자 합니다. 이 노선은 하남-광주 초월-용인 이동-오산-화성-안산-시흥-부천 구간을 운영하여 용인 반도체 클러스터와 소·부·장 산업이 유기적으로 연결됩니다. 삼성 평택 캠퍼스는 GTX-C·A로 연결될 것입니다.

좀 더 자세히 설명하면 이렇습니다. GTX-A 플러스는 기존 정부가 계획한 노선에서 동탄에서 평택까지 연장하고, GTX-B 플러스는 남양주 마석에서 가평까지 연장하는 것입니다. 또, GTX-C 플러스의 북부 구간은 동두천까지 연장됩니다. 남부 구간은 병점·오산·평택까지 연장할 것입니다. 군포 금정에서는 안산, 시흥으로 분기되는 노선이 추가됩니다. GTX-D는 김포~부천~강남~하남~팔당 구간으로 정상화합니다. GTX-E를 인천~시흥·광명 신도시~서울~구리~포천 노선을 신설합니다. GTX-F를 파주~삼송~서울~위례~광주~

수도권 광역급행철도(GTX) 플러스 노선망
GTX _ A · B · C · D · E · F · G 노선

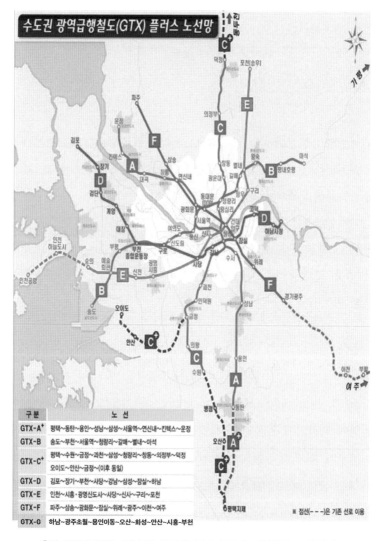

구분	노선
GTX-A⁺	평택~동탄~용인~성남~삼성~서울역~연신내~킨텍스~운정
GTX-B	송도~부천~서울역~청량리~갈매~별내~마석
GTX-C⁺	평택~수원~금정~과천~삼성~청량리~창동~의정부~덕정 오이도~안산~금정~(이후 동일)
GTX-D	김포~장기~부천~사당~강남~삼성~잠실~하남
GTX-E	인천~시흥·광명신도시~사당~신사~구리~포천
GTX-F	파주~삼송~광화문~잠실~위례~광주~이천~여주
GTX-G	하남~광주초월~용인이동~오산~화성~안산~시흥·부천

출처: 더불어민주당 대선 공약, GTX 플러스 노선도 <G노선 '일명 U노선' 추가>

이천~여주 노선으로 신설 추진하는 것입니다. 추가로 GTX-G 노선 하남~광주 초월~용인 이동~오산~화성~안산~시흥~부천 신설 노선을 추진합니다.

GTX는 많이 쟁점이 되었고, 실제 A노선이 완공을 앞두고 있으므로 노선을 확장하는 것에 대해서는 시간과 돈 그리고 정책 의지의 문제이지 실현 가능성에 대해서는 의심하는 사람은 없다.

그런데 트램은 좀 생소하다. 트램이 과연 경기도의 교통 대안이 될 수 있을까? 왜 트램을 생각했나? 그리고 '트램'과 경기도는 어떤 관계가 있나? 이미 공사 중인 대전, 울산의 그것과는 같은 개념인가, 아니면 전혀 다른 개념인가?

———

경기도는 서울시의 협조 없이는 광역버스 노선 하나도 신설할 수 없는 것이 현실입니다. 수요가 증가해도 즉각적으로 증차할 수 있는 권한이 제한되어 있습니다. 경기도민은 국가 광역철도망과 서울 도시공사가 운행하는 철도망을 같이 사용하기 때문에 경기도의 자체 요구로 쉽게 교통 정책을 수립하기 어렵습니다. 그러나, 적어도 도시 내에서 가정까지 이어지는 연계 교통망은 자체적으로 개선 대책을 세워 추진할 수 있습니다. 서울로의 통근 시간이 1시간 27분이 소요되지만, 실은 집에서 광역철도망, 광역버스 노선까지 이동하는 데도

트램 운행 가상도

출처: 현대로템 홈페이지

시간이 많이 소요되는 것이 현실입니다. 이를 촘촘하게 개선하고자 친환경 트램을 활용한 경기도형 환승 교통망을 구축하고자 합니다.

트램은 최근 이산화탄소 배출을 감축할 새로운 친환경 교통수단으로 부상하고 있습니다. 경기도에서는 부족한 연계 버스 노선의 보완하고, 시민의 교통 이동권을 보장할 수 있을 것으로 기대하고 있습니다. 또, 트램은 교통 분담률이 높고, 전통 시장 등 주차장 문제로 자동차로 이용하기 힘든 곳을 정기적으로 운행함으로써 지역 경제 활성화에도 이바지할 것으로 보입니다. 생활권 중심으로 교통망이 부족한 현실에서 대중교통 문제점 해결책으로 생활권역을 오가는 노면전차가 대체 교통수단이 될 수 있습니다. 그러나 무엇보다 노면전차는 친환경 교통 시스템이라는 점과 저렴한 건설 비용, 최근 기술의 발달로 인하여 노면 공유형도 가능하다는 점에서 미래 교통수단에 방점을 두고 적극 추진해야 한다고 생각합니다.[5]

국내 기술로 개발한 무가선 저상트램의 장점은 도시경관을 그대로 보존하고, 소음과 매연이 없는 배터리로 운행하는 친환경 교통수단입니다. 건설 및 운영비에서도 지하철 1/8, 고가 경전철 1/3 정도의 비용으로 도입할 수 있습니다. 경기도에서는 동탄 신도시에 건설 중이며 그 효과가 입증될 것이라고 확신합니다. 동탄 신도시 시범사업을 바탕으로 위례신도시, 수원시 등 여건과 상황이 되는 곳부터 31개 시군으로 점차 확산한다면 충분히 대체 교통수단으로 성공할 수 있을 것입니다.

현재 추진 중인 경기도 노면전차 노선별 계획을 보면 다음과 같습니다. 경기도 도시철도망 구축계획에 반영된 노면전차는 총 9개 노선으로 동탄 도시철도, 수원 1호선, 성남 1·2호선, 8호선 판교 연장, 용인선 광교 연장, 오이도 연결선, 송내 부천선, 스마트 허브선 등이며, 예비타당성 조사를 면제받는 위례신도시 노면전차 등이 있습니다.

경기도 사업 추진 노면전차 내용

구간	노선명	연장(km)	사업비(억 원)
8호선판교연장(중량전철)	모란차량기지~판교역	3.94	479
용인선광교연장(경량전철)	광교중앙역~기흥역	6.80	5,400
송내부천선(트램)	송내역~부천역	9.09	2,381
오이도연결선(트램)	오이도역~오이도	6.55	1,760
스마트허브노선(트램)	오이도역~한양대역	16.2	3,666
동탄도시철도(트램)	1단계(반월교차로~동탄역~오산역, 동탄역~동탄2)	23.73	7,692
	2단계(1단계+병점역~동탄역)	8.62	2,274
수원1호선(트램)	수원역~한일타운	6.17	1,763
성남1호선(트램)	판교역~성남산업단지	10.38	2,382
성남2호선(트램)	판교차량기지~판교지구, 정자역	13.70	3,538
–	9개 노선	107km	3조 5,145억 원

출처: 경기도 자료, 저자 작성

윤석열 정부도 공약으로 GTX 노선을 제시했다. 그런데 윤석열 정부의 안은 수도권 순환선을 상정하고 있다. 일부 전문가들은 경기도 교통망의 문제점 중의 하나로 경기도 내 도시 간 교통망 연계의 부족을 꼽는 사람도 많다. 가령 성남에서 부천에 가려면 서울을 거쳐서 가야 한다는 것이다. 같은 경기도인데 굳이 서울을 경유해야 하는 것은 경기도가 서울에 예속되었기 때문일 것이다. 따라서, 이미 성공을 거둔 수도권 외곽 순환 고속도로처럼 GTX도 경기도형 순환선을 만들어 경기도 내 도시와 도시가 신속하게 연결되어야 한다는 것이다.

경기도형 우물정자(井) 광역교통망이 필요하다. 여기에 대해서는 어떻

━━━

경기도민의 교통 이동권 확보를 위해서는 GTX의 경기도형 순환선 신설이 해법입니다. 경기도 내 도시 간 연결하는 교통망이 하나도 없습니다. 서울시 교통망과 경기도 교통망은 현격한 차이가 발생합니다. 저는 경기도민을 위한 교통문제 해결 방안으로 경기도형 우물 정자(井)형 광역교통망을 제안하고자 합니다.

윤석열 대통령 후보의 공약인 'GTX 수도권 순환선'은 도내 이동 보장이라는 긍정적인 측면에도 불구하고, 이동 시간이 너무 많이 소요되는 노선입니다.

경기 메가시티로 발전하기 위해서는 기존의 민주당이 제시한 광역고속철도망(GTX) 계획 외에 입체적인 교통망 구상이 필요합니다. 경기도의 교통 과제는 서울로의 통근 시간 단축과 경기 메가시티의 구상에 따라 도내 도시 간 유기적 연계입니다. 이것은 변화하는 교통 환경에 적응하여 미래형 교통 체계까지도 고려하면서 추진되어야 합니다. 즉, 경기도의 교통 체계는 서울 통근 문제와 도내 도시 간 이동의 속도를 높이기 위해 광역고속철도(GTX)[6]를 중심축으로 하여 광역버스, 시내버스, 트램 등을 유기적으로 연계하고, 새로운 형태의 맞춤형 대중교통수단(DRT)인 자율주행 셔틀, 트램 등의 사업을 단계적으로 확대해야 합니다. 더불어 철도, 광역버스, 공유 차량, 자전거 등의 이동 수단을 하나의 앱으로 통합하는 시스템도 만들어야 합니다.

한마디로 버스, 철도, 노면전차, 개인용 모빌리티 등 다양한 이동 수단이 유기적, 집체적으로 연계돼 경기 메가시티에 어울리는 교통 체계를 구축해야 한다는 것입니다. 물론 광역버스, 시내버스의 준공영제로의 전환도 반드시 해야 할 문제입니다. 이런 구상을 정리하면 경기도를 우물 정자(井)형의 광역고속철도(GTX) 노선을 기본 축으로 하여 광역버스, 시내버스, 노면전차가 연계된 촘촘한 교통망 구축을 통해 서울로의 통근은 물론 31개 시·군 사이의 기본적 이동권도 확보될 것입니다.

제가 추가로 제안하는 경기도형 우물 정자(井)형 광역교통망입니다. 기존 GTX-A·B·C·D 노선은 서울 출퇴근 교통망이고, GTX-E·F·G·H 노선은 경기도 31개 시·군 생활권 중심으로 이동을 위한 교통망입니다. 이는 광역고속철도(GTX)와 광역버스, 시내버스를 연계하고, 동시에 미래형 모빌리티 수단인 자율주행 셔틀, 친환경 트램, 수요응답형 버스까지 총체적으로 연계하여 촘촘한 '생활권 중심 교통망'을 추진하는 것입니다. 오직 경기도민 만을 위한 교통망입니다. 우리는 서울 들러리가 아닙니다. 이것이 경기도의 자긍심을 높이면서 경기도를 하나의 공동체로 만드는 메가시티 경기의 시초입니다.

아울러 경부선·국철 1호선 구간인 구로에서 화성 병점역까지, 경수대로 역시 병점까지 지하화를 추진하고, 광역고속철도(GTX) 거점

경기도형, GTX 井(우물정자)형 교통망
GTX_A.B.C.D.E.F.G.H노선, 수도권1.2순환고속도로

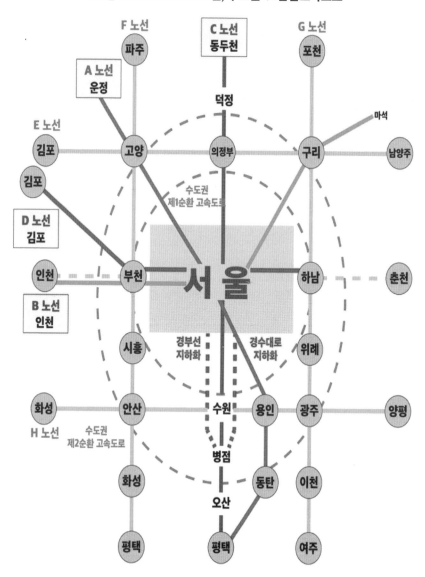

구분	노선 구간
GTX 노선 (인천-서울-경기)	• GTX_A 파주 운정-킨텍스-연신내-서울역-삼성-성남-용인-동탄-평택 • GTX_B 송도-부천-서울역-청량리-갈매-별내-왕숙-마석 • GTX_C 동두천-덕정-의정부-창동-청량리-삼성-과천-금정-수원-병점-오산-평택// 　금정-안산-오이도 • GTX_D 김포-장기-부천-사당-강남-삼성-잠실-하남
	• GTX_E 인천-시흥 · 광명 신도시-사당-신사-구리-포천 • GTX_F 파주금촌-삼송-광화문-잠실-위례-광주-이천-여주 • GTX_G 하남-광주초월-용인이동-오산-화성-안산-시흥-부천
경기도형 GTX 井형 신설	• GTX_E 김포-고양-의정부-구리-남양주 • GTX_F 파주-고양-부천-시흥-안산-화성-평택 • GTX_G 포천-구리-하남-위례-광주-이천-여주 • GTX_H 화성-안산-수원(오산)-용인-광주-양평
수도권 제1순환 고속도로	• 고양-김포-인천-부천-시흥-안산-군포-안양-의왕-성남-송파-하남-구리-남양주- 　의정부-양주-고양
수도권 제2순환 고속도로	• 화성-광주-여주-양평-포천-양주-파주-김포-인천-안산-화성

경기도 중심 광역교통망. 출처: 저자 작성

역에 공공주택이 포함된 '복합 철도 역사'를 건설한다면, 질 좋은 토지임대부 주택, 교통이 편리한 기본주택의 개념을 더욱 발전시킬 수 있습니다.

참고자료. 대도시권 광역교통관리에 관한 특별법 시행령 개정안

'대도시권 광역교통관리에 관한 특별법 시행령 개정안'은 2023년 10월 17일 열린 국무회의에서 의결 · 공포됐다. 경기도가 소외됐던 권역별 중심 조항도 삭제됐다. 건설비는 광역철도 건설 시 국비 70%, 광역도로 건설 시 국비 50%, 환승센터 · 복합환승센터 건립 시 국비 30% 지원 등 다양한 분야에서 국비 지원을 받는다. 시행령 개정에 따라 광역버스 노선 신설도 가능하다.

광역철도 지정기준 현행 · 개선안 비교표

구분	현행	개선안
대도시권 범위	수도권, 부산, 울산권, 대구권, 광주권, 대전권	자동
권역별 중심지	서울시청, 강남역, 부산시청, 울산시청, 대구시청, 광주시청, 대전시청	삭제
거리 반경	40km이내	삭제
표준속도	50km/h 이상(도시철도 연장형 40km/h이상)	자동
대도시권 연계	없음	국토부장관 인정시 지정 가

3

서울이 아니라 경기도에 살고 싶어요: 직주근접 신도시의 꿈

경기도는 서울을 둘러싸고 있어 균형적 발전이 어렵다는 얘기가 있다. 경기 남부에서 경기 북부로 가기가 어렵고, 경기 동부와 경기 서부를 가기 어렵다는 것이다. 서울을 꼭 거쳐 가야 하는데 이 문제를 극복하고 온전히 경기도의 발전을 가져올 복안은 무엇인가?

———

답변하기 전에 경기도 동서남북을 이어주는 경기도형 우물정자(井) 교통망이 절실하다는 것을 말씀드린다. 그리고 질문한 이 문제는 경기도민의 구조적 변화를 보면서 설명되어야 합니다. 경기도민은 과거 서울로 통근하는 비율이 높았습니다. 그러나 지금은 경기도에서 경기도 시·군 내로 출근하는 비율이 높아지고 있습니다. 과거와 같이 서울과의 거리가 경기도 내에서의 위치를 정하는 것이 아니라는 것입니다.

경기도 출 · 퇴근 지역 변화

연도	집 → 서울	집 → 타 시 · 군	집 → 거주지 시 · 군
2016	28.6%	11.4%	55.4%
2020	14.1%	11.0%	74.0%

출처: 경기연구원(2016), 2016년 경기도민 삶의 질 조사, 경기연구원(2020),
2020년 경기도민 삶의 질 조사. 저자 작성

　이제 서울의 들러리가 아닌 경기도민이 자부심을 느낄 수 있는 경기도민을 위한 경기도형 교통망을 구축이 필요한 시기라는 의미입니다. 경기도 안에서 자유롭게 이동할 수 있는 이동권 보장을 해주는 것이 필요합니다. 이것이 지방분권의 책무라고 할 수 있습니다.

　먼저, 경기 메가시티를 만드는 것입니다. 2067년이 되면 경기도는 화성시를 제외한 30개 시·군이 소멸한다고 합니다. 이런 상황에서 경기도를 분리하여 경기북부특별자치도를 만드는 것이 무슨 의미가 있겠습니까? 지금은 초광역권으로 묶어 하나의 경제공동체를 만드는 것이 더 절실합니다. 이러한 경기도형 경제 블록은 경기도 동서남북 모두가 따뜻한 경기공동체를 만드는 기본이 될 것입니다. 둘째, 경기 메가시티 구상과 맞물려 경기도 31개 시·군과 경기도의 동서남북을 잇는 경기도형 순환 교통 체계를 구축하는 것입니다. 동서남북 축을 잇는 경기도형 우물 정자(井)형 교통망을 구축하는 것입니다.

경기도에서 도내 이동을 자유롭고 빠르게 하여 경기도 경제공동체를 강화하는 것입니다. 어차피 용인 반도체 클러스터에 출근하기 위해 서울보다는 하남, 남양주, 구리에서 편하게 올 수 있게 만들자는 것입니다. 이천 하이닉스 반도체에 다니기 위해 이천에 사는 것이 아니라 성남, 광주, 수원, 과천에 살아도 편하게 출·퇴근할 수 있게 만들자는 것입니다. 파주 LCD단지로 출근하기 위해 서울을 거치게 하지 말고 경기도에서 곧바로 파주로 이동할 수 있는 교통수단을 만들자는 것입니다. 이렇게 경기 메가시티라는 틀에서 빠르고 편하게 이동한다면 주택, 교통 문제에서 획기적 변화가 있을 것입니다.

교통 체계를 구축하여야 합니다. 생활권과 생활권 사이에는 경기도형 GTX 노선이 다니고, 도시 내에서는 자율주행 버스와 트램(노면전차)를을 활용하여 친환경적이며 지속 가능한 지역 공동체 발전을 이끌 수 있습니다.

직주근접의 원칙에 입각한 신도시 건설이 뒷받침되어야 합니다. 다행히 경기도는 3기 신도시가 많이 건설되는 지역입니다. 이 지역 근처에는 반도체 등 첨단산업단지들이 많습니다. 경기도는 이미 판교의 성공 사례가 있습니다. 잘 갖춰진 기반 시설, 확실한 지원체계, 싼 임대료 등의 조건이 갖춰지면 신도시 바로 옆에 꽤 괜찮은 스마트 산업단지가 들어설 수 있습니다. 이를 통해 멀리 출퇴근하지 않고, 가까운 거리에서 출퇴근하고 남은 시간을 여유롭게 사용하는 일과 삶의 균형이 맞는 삶을 살 수 있도록 할 수 있습니다. 경기도를 떠나지 않고서도 얼마든지 만족스러운 삶을 살 수 있다면 그것보다 좋은 것이 어디 있겠습니까? 그래야 사람들이 서울에서 집에 오기 바쁜 게 아니라 "경기도에 살고 싶어요"라고 하는 날이 오지 않을까요.

4

'더 메가시티 경기'의 심장,
경기 칩 밸리(GCV) & 경기과학원 설치

대한민국 수출의 20%가 반도체이며, 그중 34.5%가 경기도에서 생산된다.(충청권 일부 포함) 사실상 경기도가 반도체의 중심이다.

'칩 워(Chip War)'라는 말이 있을 정도로 반도체 패권을 놓고 벌이는 국가 간 경쟁은 단순히 무역 차원을 넘어 국제 정세를 좌우할 정도다. 한국은 메모리에서는 독보적인 입지를 가지고 있지만, 흔히 비메모리 반도체로 불리는 로직 칩에서는 아직 갈 길이 멀다.[7] 더구나 AI의 등장으로 직접 설계하는 로직 칩 생산의 중요성은 갈수록 커지는 실정이다. 기존에 우세한 분야에서는 생산능력을 고도화해야 하고, 새롭게 도전해야 하는 영역에서는 우수한 기술력을 확보하는 것이 급선무이다. 결국 사람의 문제이고 얼마나 우수한 인력을 확보하느냐의 문제이다. 다행히 경기도는 풍부한 인력과 안정적인 배후 도시 그리고 '소재 · 부품 · 장비'를 공급할 수 있는 중소기업군들이 포진된 최적의 입지를 가지고 있다.

여기에 정책적 노력이 결합되어야 '칩 워'에서 승리할 수 있을 텐데, 이

것에 대한 복안은 무엇인가?

────

그렇습니다. 지금 경기도의 미래는 여기에 달려 있다고 해도 과언이
아닙니다. 대한민국 반도체의 35%가량을 생산 수출하는 경기도는
대한민국 반도체 산업의 심장입니다. 지금 우리 반도체 업체들에게
부여된 과제가 곧 경기도의 과제입니다.

현재 우리나라 반도체 업체들에게는 크게 세 가지 도전과제가 있
습니다. 첫째, 메모리 칩 시장을 지속해서 석권하는 것입니다. 현재
세계 메모리 칩 시장은 삼성전자와 SK하이닉스가 중심입니다. 여
기에는 중국의 도전이 거셉니다. 중국은 값싼 반도체로 우리를 위
협합니다. 중국의 도전을 물리치려면 기술에서 초격차를 늘려야 합
니다. 지속적인 R&D 투자와 개발·연구 인력의 확보가 절실한 상
황입니다.

둘째, 메모리 칩을 넘어 고급 시장인 로직 칩 시장으로 진출하는
것입니다. 이것은 전적으로 기술의 문제입니다. 우수한 기술을 가진
인재들을 유치하고, 그 인재들이 맘 놓고 연구할 기회가 있어야 합니
다. 그런데 미국의 실리콘 밸리의 성공 사례에서 알 수 있듯이 그 중
심에는 미국식 '연구중심대학'이 자리 잡고 있습니다. 한국의 반도체
가 메모리 칩을 넘어 로직 칩 시장으로 확대되려면 반드시 경기도에
'연구중심대학'인 '경기과학기술원'이 설치되어야 합니다.

이와는 별개로 현재 삼성전자는 대만의 TSMC를 능가하는 '파운

드리' 회사를 추구하고 있습니다. 정부와 삼성전자가 추진하는 '용인 시스템반도체 클러스터'의 단기 목표가 2029년 1기 파운드리 팹의 본격화입니다. 경기도는 이를 뒷받침하기 위해 우수한 노동력을 지속해서 확보해야 하며, 반도체 산업의 배후 도시 조성, GTX-G 또는 H(반도체 노선) 신설, 반도체 수출을 실시간으로 할 수 있는 경기반도체국제공항 건설 등의 아낌없는 지원이 필요합니다.

셋째, 대외 환경 극복입니다. 미·중 전략 경쟁이 격화되면서 미국은 중국의 부상을 견제하고자 기술 통제에 주력하고 있습니다. 그중에서 가장 극렬하게 차단하고 있는 것이 반도체입니다. 반도체만 막으면 중국은 더 이상 발전하지 못하고 현재 상태로 머물거나 아니면 퇴보할 것이 확실하기 때문입니다.

미국 조 바이든 정부는 배터리·반도체 등의 글로벌 공급망에서 중국을 배제하고 자국 중심으로 재편하기 위한 인플레이션 감축법(IRA)과 반도체법(CHIPS Act)을 시행하였습니다. 중국의 반도체 기술 발전을 막으려는 미국과, 어떻게 해서든 방해를 뚫고 기술을 획득하려는 중국 간의 총성 없는 전쟁을 가리켜 '칩 워(Chip War)'라고 하는 것입니다.

미·중 간의 칩 워는 한국 배터리·반도체 기업의 경영 불확실성을 키우고 있습니다. 사실 공급망에서 중국을 배제하는 건 사실상 불가능하기도 하며, 대중국 수출 비중, 특히 반도체 수출 비중이 큰 우리나라는 중국을 일방적으로 배제하기 힘들기 때문입니다. 한국은 이 '칩 워'의 한가운데 끼게 되었습니다. 미국은 한국에 대중국 반도체 수출통제 기구인 'Chip 4'에 들어오라고 했고, 문재인 정부에서 겨우 막았지만 윤석열 정부에서 참여하고 말았습니다.

미국에 반도체 생산·패키징·연구 시설 등을 짓는 삼성전자·SK 하이닉스는 '반도체법'에 따라 미국 정부로부터 보조금을 받을 수 있지만, 향후 10년간 중국 공장 투자가 제한됩니다. 이미 중국에 4조 원 이상을 투자한 한국의 반도체 업체들의 입장은 매우 곤란하게 되었습니다. 공장 증설을 위한 기계 반입은 다행히 2023년 9월 '포괄적 면제'가 되었지만 불확실성이 완전히 사라진 것이 아닙니다.

미국 쪽에서 겨우 숨통을 트였다면 반대로 중국도 격렬하게 반발하고 있습니다. 미국의 규제에 맞서 차세대 반도체 소재인 갈륨 등의 수출을 통제키로 했습니다. 이는 차세대 반도체로 꼽히는 질화갈륨 기반 반도체 개발에도 큰 차질을 빚게 되었습니다. 더구나 중국이 미국과의 경쟁 속에서 언제든지 반도체 수입을 중단할 수 있다는 우려는 우리 기업들의 전망을 어둡게 하고 있습니다. 윤석열 정부의 '다걸기 외교' 때문에 우리 기업들이 심각한 피해를 입고 있습니다. 윤석열 정부에서 이 불확실성을 해소할 방법이 없을 것 같아 안타까울 뿐입니다.

세 가지 주요 도전과제를 안고 있는 한국 반도체 산업의 과제는 그대로 경기도의 과제로 이어집니다. 경기도는 이 도전과제를 지금까지 그래왔듯이 경기 천년의 정신인 '도전', '개방', '개혁', '실용'의 정신으로 극복해야 합니다. 저는 어려울 때일수록 과감하게 '경기 칩 밸리(GCV)' 구축 사업에 정부와 경기도의 모든 정책 역량을 쏟아부어야 한다고 생각합니다.

경기도의 반도체 대공장 현황

출처: 경향신문

'경기 칩 밸리'란, 미국 반도체 산업을 대표하는 '실리콘 밸리'가 투자받기 쉬운 금융기관의 밀집, 인재들을 공급하는 우수한 교육 단지의 존재, 우수 인재를 수용할 수 있는 도시 기반 등을 통해 발전한 것을 벤치마킹하여, 반도체 산업의 선도 지역인 이천·여주, 용인·성남·광주·하남, 수원·화성, 평택·안성을 중심으로 경기도를 관통하는 글로벌 칩 생산·연구 벨트로 만들어 명실상부한 반도체 산업의 메카로 발전시키자는 구상입니다.

구체적으로 금융, 교육, 도시 기반으로 나누어 설명하겠습니다.

먼저 반도체 및 반도체 소재·부품·장비 산업에 투자하는 '칩금융 허브'를 금융의 도시 수원에 조성해야 합니다. 수원은 삼성전자 본사가 위치하는 세계적인 전자 도시이며, 도청 소재지로서 이미 한국은행 경기지부를 비롯 국책은행, 민간은행의 본사가 모여있습니다.

다음은 세계 최고 수준의 반도체 연구·개발 인력을 육성하는 '경기과학기술원'과 실용적이면서 창의적인 반도체 인력을 양산하는 인재 양성 교육기관인 '경기공대(G-tech)' 그리고, 디지털 창업사관학교인 '42경기'를 설치해야 합니다. 의왕, 군포, 안양, 과천지역은 반도체 인력 확보를 위한 교육기관 설립의 최적지입니다. 이들 지역은 '반도체 교육특구'로 지정하여 반도체 전문가 양성 기관의 설립과 운영이 자유롭도록 지원해야 합니다. 반도체 특성화 대학 설립 문제는 별도로 설명하겠습니다.

마지막은 반도체 노동자들의 주거와 교육을 해결할 수 있는 직주 근접형 기반 도시, 신재생에너지 100%의 친환경적 주거단지를 계획적으로 마련하는 것입니다. 평택, 화성, 용인, 광주, 이천, 여주 지역이 반도체 기반 도시를 건설하는 데 좋은 위치입니다.

동시에 반월, 시화공단을 시작으로 광주, 화성, 성남, 안성 등에 반도체 산업을 지원하는 소재, 부품, 장비 '스타트업'들이 무수히 들어설 수 있는 소·부·장 테크노파크를 많이 건설하여 저렴하게 입주하고, 각종 지원시설을 통해 활성화될 수 있게 해야 합니다.

이렇게 금융, 교육, 도시 기반을 GTX와 트램 등으로 연결하여 신속하게 연결하는 것이 바로 '경기 칩 밸리'입니다.

5

의료 평등의 천사도시: 경기도형 공공거점 병원 확대

코로나 팬데믹을 거치면서 감염병이 국가적 재난으로 이어질 수 있다는 것을 실감했다. 그러면서 평소 생각하지 않았던 영리 병원이 할 수 없는 일을 하는 공공의료원이 존재한다는 사실을 절실히 알게 되었다.

코로나 상황에서는 누구나 공공의료의 강화를 제기했고, 필요성에 공감했다. 그러나 코로나가 잦아드는 상황이 되니 다시 공공의료에 관한 관심은 점차 옅어지고 있다.

공공의료기관은 감염병 등 재난만 대비하는 것이 아니라 종합병원이 멀고 접근이 어려운 지역에서 종합병원의 역할을 든든히 하고 있다. 당연히 그런 곳을 더 강화해야 하는데, 실제 경기도에도 공공의료 시설은 고작 6곳뿐이고, 그나마도 소아·청소년과가 있는 기관은 아예 없다. 헌법은 건강권을 명시하고 있지는 않지만 '국가는 국민의 인간다운 삶을 보장'하도록 규정하고 있는 바, 인간다운 사람의 기본 중의 기본이 건강한 삶을 위한 의료 보장이라고 할 때 공공성의 강화하는 의료정책은 꼭 필요하다.

경기도의 의료 공공성 강화를 위한 과제는 무엇이고, 중점적으로 추진해야 할 것은 무엇이라고 보나?

ㅡ

공공의료는 기본적으로 국민이 어디에 살고 있는지, 어떤 소득 수준을 갖고 있는지와 상관없이 차별당하지 않고, 적절한 의료 서비스를 받을 수 있게 하는 사회보장 시스템입니다. 여기에 코로나 팬데믹을 거치면서 전 지구적인 공중보건 위기 상황이 닥칠 수 있으며, 이를 극복하기 위해서는 공공의료가 절실하게 필요하고 이는 곧 국가 존망의 문제와 직결된다는 교훈을 얻었습니다.

공공의료는 의료를 통해 사익을 추구하는 영리 의료와 달리 의료의 공공성을 담보하는 영역이라고 할 것입니다. 대한민국은 영리 의료를 보장함과 동시에 국민이 존엄 있게 살 권리, 건강하게 살 권리, 행복을 추구할 수 있는 권리라는 헌법적 가치를 더 중요시하여 영리 의료 역시도 공적 의무를 부여하고 있습니다. 의사 국시의 경우 국가가 의사의 자격과 권리를 보장하는 대신에 의료인의 공공성을 요구하는 제도입니다. 그러나, 공공의료의 현실은 삼성병원, 아산병원 등 민간 종합병원과의 경쟁력에서 밀려 필수 의료를 제외한 영역에서는 매우 부족한 것도 사실입니다.

현재 우리 국민의 기대수명은 83.4세로 경제협력개발기구(OECD)

3위에 이릅니다. 국민의 기대수명이 늘어났기에 그에 맞는 공공의료의 책임성과 규모가 커져야 하지만 거꾸로 의사의 수는 꼴찌 수준입니다.[8]

우리나라는 세계 최고 수준의 공공의료 시스템을 가지고 있습니다. 이 시스템으로 코로나 팬데믹도 극복하였으며 그 과정에서 공공의료의 중요성을 온 국민이 인식하게 되었습니다. 그러나, 좋은 의료 보장으로 기대수명이 늘어난 만큼 그에 걸맞게 의료 기반 시설도 구축되어야 합니다. 특히, 의사의 수는 절대 부족한 상황입니다. 더구나 고소득을 보장하는 민간병원으로 우수한 의사가 몰리고, 돈벌이가 잘되는 진료 과목으로 전공의가 편중되는 현상이 발생하는 등 의사 문제가 공공의료 강화에 커다란 장애로 조성되는 실정입니다. 의료 영역 안에 업역을 두고 의사와 간호사, 간호사와 간호조무사 간에 갈등도 큰 문제입니다. 기대를 모았던 '간호법'도 윤석열 대통령의 거부권으로 무산된 상태입니다. 의대 증원은 의사협회에 막혀 번번이 고비를 못 넘고 있습니다.

공공의료 강화를 위한 정책의 기본은 결국 의대 증원 문제로 귀결됩니다. 보건복지부 2021년 자료에 따르면 인구 1,000명당 임상의 수는 2.6명으로 OECD 국가 중에 멕시코 다음으로 적습니다. OECD 평균이 3.7명이고, 상위권인 스페인, 독일, 스위스 등이 4.5명이고, 최상위 국인 노르웨이와 오스트리아는 5.4명입니다. 우리나라보다 의료보험 등 의료 복지가 낮은 나라에 비해서도 턱없이 적은 의사 수를 가지고 있습니다.

안 그래도 적은 의사가 국내로 보면 지역 편중도 심각합니다. 2019년 기준으로 인구 1,000명당 지역별 의사 수(한의사 포함)를 보면, 서울이 3.1명으로 가장 많고, 그다음은 대전, 광주 2.5명 그리고 경기는 1.6명에 불과합니다. 인구 1,400만의 경기도가 의사 수에서 절대적 부족을 겪고 있는 것입니다.

경기도 공공의료의 공공성 강화를 위해서는 각 지역에서 또는 권역에서 공공의료 수행을 책임질 수 있도록 공공의료 강화 시스템을 만들고 이를 지원하는 경기도 공공의료 체계를 만들어 의료 서비스 활성화를 강화해야 합니다. 즉, 교육대학 입학 시스템을 공공의대에 접목하면 의료의 지역 편중이 사라지고 공공의료의 불균형을 바로잡을 수 있습니다. 특히 군 면제와 학비 면제 혜택을 해주어야 합니다. 인구 1,400만에 걸맞은 공공의료 정책이 선행되지 못하면 남부권과 동부권과 북부권의 의료 시설 불균형 문제가 도민의 생명과 직결될 것입니다. 경기도는 권역별 공공의료 시설을 구축하여 도민의 건강한 삶을 챙기는 적극적인 방안을 마련하여 도농 복합 도시와 농촌지역의 공공 의료 시설을 확충하여 취약한 공공의료 서비스를 강화해야 합니다.

경기도 북부권과 동부권의 공공의료기관 신설과 심야 어린이병원

주요 수련병원 소아청소년과 전공의 2023년 모집 현황

	수련병원	소아청소년과		수련병원	소아청소년과
수도권	가천대길병원	4/0	지방병원	동국대일산	2/0
	가톨릭	13/1		단국대	2/0
	강동경희대	2/0		순천향천안	2/2
	건국대	3/0		영남대	3/0
	경희의료원	3/0		울산대	2/0
	고려대의료원	9/1		원광대	2/0
				을지대	2/0
	삼성서울	6/3		조선대	2/0
	서울대	14/10	지방 국립대 병원	강원대	1/0
	서울아산	8/10		경북대	4/0
	신촌세브란스	11/0		경상대	2/0
	아주대	5/2		부산대	2/0
	이대목동	3/0		전남대	4/0
	인하대	4/0		전북대	4/1
	중앙대	4/0		제주대	1/0
	한림대(강동제외)	7/0		충남대	4/0
	한양대	3/1		충북대	3/1

(정원/지원)

출처: 의학신문, 2022년 11월 8일

신설이 중요한 과제입니다. 소아과 의사를 구하기가 하늘의 별 따기보다도 힘든 상황이지만 이를 해결해야 저출산에 의한 인구절벽을 예방할 수 있고 차별 없이 진료받을 권리를 보장해줄 수 있습니다. 경기도 공공의료 시설은 6곳이고, 심야 어린이병원이 없습니다. 이에 북부권과 동부권에 공공의료 시설 3곳과 남부권과 북부권에 심야 어린이병원급 공공의료기관 신설이 필요합니다. 예컨대, 심야 어린이병원 설치로 어린이가 전문의 진료를 받을 수 없어서 위급한 상황에서도 여러 곳을 돌아다니는 일이 없어질 것입니다. 공공의료기관 신설 지역은 동북권(남양주·구리·하남·가평·양평, 142만), 북부권(양주·파주·연천·동두천, 88만), 동부권(용인·광주·이천·여주, 180만) 순으로 가는 것이 좋을 것 같습니다. 경기도 위상에 걸맞은 공공의료 강화로 북부권·동부권 주민들과 아이들에게 질 높은 진료권을 보장해야 합니다.

공공의료를 강화하려면 무엇보다 의료인력 확충이 시급하다. 경기도 의정부에 있는 도립 정신병원인 '새로운 경기도립 정신병원'은 몇 년째 의사를 뽑지 못해 개장 휴업 상태이고, 경기도 공공의료원들은 소아과 전문의를 구하지 못해 소아청소년과 신설은 엄두도 내지 못하는 실정이다. 의사 수도 절대 부족하거나와 소아청소년과, 흉부외과 등 꼭 필요한 전문의도 제대로 수급되지 못하고 있다.

2023년 상반기 전문의(레지던스) 지원 중 상위 5대 병원의 현황만 봐도 그 심각성을 알 수 있다. 심지어 서울지역 4대 병원을 제외한 나머지 병원에는 소아청소년과 지원자가 단 1명도 없다고 한다.

결국 의사를 증원하지 않으면 안 되는데 문재인 정부 당시 공공의대 설립으로 의사들의 파업 등 사회적 갈등을 겪은 상황에서 과연 가능할지 의문이다. 의사 정원 확대에 관한 생각과 그 방안은 무엇이라고 생각하나?

공공의대의 지역별 설립은 미룰 수 없는 시대적 과제입니다. 경기도

2023년 상반기 전문의 지원 현황

병원	진료 과목	지원 현황		
		모집	지원	지원율
서울대병원	소아청소년과	14	10	0.71
	가정의학과	20	18	0.9
	흉부외과	4	1	0.25
서울아산병원	소아청소년과	8	10	1.25
	가정의학과	6	2	0.33
	흉부외과	5	9	1.8
삼성서울병원	소아청소년과	6	3	0.5
	가정의학과	6	6	1.0
	흉부외과	4	3	0.75
세브란스	소아청소년과	11	0	0
	가정의학과	13	10	0.77
	흉부외과	4	1	0.25

출처: 언론 기사 참조, 저자 작성

도 예외일 수 없습니다. 어떤 사람들은 수도권을 제외하고 공공의대를 설립하자고 하는데 이는 현실을 모르는 얘기입니다. 의사 부족률을 알아볼 수 있는 통계로 '치료 가능 사망자'를 예로 들 수 있습니다. 의사가 없거나 응급처치가 늦어져 사망에 이른 사람들의 수치니까요. 2021년 기준 경기도 인구 10만 명당 '치료 가능 사망자'는 42.27명으로 17개 시·도 평균 43.7명과 거의 비슷한 수준입니다. 반면, 의료 인프라가 잘 갖춰진 서울은 38.6명이었습니다. 서울에 비하면 경기도는 턱없이 부족하다는 것을 알 수 있습니다.[9] 지방소멸 대응 차원에서 지방에 공공의대를 확충하자는 주장에는 공감하지만, 경기도를 제외하는 것에는 반대하는 이유입니다.

공공의대 설립의 최대 걸림돌은 정부가 2006년부터 매년 3,058명으로 묶어놓은 전국 의과대학 입학 정원 문제입니다. '의대 정원 증원'은 심각한 지역별 의료 격차 문제를 해소할 수 있는 계기가 될 것입니다. 경기도의 경우 광역화 즉, 경기 동북부 지역에 공공의대와 공공의료기관을 설립하여 그 범위를 강원도 영서지방까지를 포괄하게 만든다면 시너지 효과를 충분히 낼 수 있을 것으로 기대합니다. 동남권도 마찬가지로 여주 등에 공공의대와 공공의료원을 설치하고 그 범위를 충북 북부와 강원 영동지방까지로 확대한다면 경기도민뿐만 아니라 충북, 강원 일부 주민들을 위한 공공의료를 충분히 제공할 수 있을 것입니다. 더구나 경기 북동부권과 동남권은 인구수가 이미 100만에 이르러 의료 수요가 충분히 있습니다.

의료 격차를 해소하기 위해서 '의사 정원'만 풀어서는 안 됩니다. 특정 진료과에 대한 기피 현상이 발생할 가능성이 크기 때문입니다. 그래서 대안으로 제시하는 것이 '공공의대'입니다. 의사 정원을 늘리는 대신 일정 기간 공공의료기관에 복무하게 하는 공공의대를 설립한다면 필수 의료인력 확충에 크게 도움이 될 것입니다. 윤석열 정부는 공공의대 설립을 정부의 주요 국정과제라고 밝혔습니다.[10] 경기도와 경기도 정치권은 정책의 실효성을 높이기 위해 각종 규제로 피해를 보고 있는 경기도 북부와 동부지역 주민들을 위한 공공의대 및 공공병원 설립이 필요하므로 특별법 제정을 통해서라도 추진하는 것이 마땅합니다.

코로나 팬데믹을 거치면서 보건소의 역할에 대한 인식이 완전히 달라졌다. 보건소가 실제 소지역 단위 거점 의료기관의 역할을 하고 있으며, 의사가 부족한 지역에서는 사실상 중요 의료기관이라는 것이 확인된 것이다. 이제 과거와 달리 감염병이 일상화되는 뉴노멀 시대를 맞아 보건소의 혁신이 절실한데 이에 대한 의견은 무엇인가?

▬▬▬

코로나 시기에 보건소는 감염병 위협의 한가운데서 주민들의 건강을 위해서 헌신적인 노력을 쏟았습니다, 이를 계기로 전국적으로 보건소에 대한 인식이 개선되었습니다. 그동안 보건소는 소외된 이웃을 위한 기관이라는 인식이 강했는데, 알고 보니 지역 필수 의료 시설입니다. 이제 전국적으로 없는 곳이 없이 펼쳐져 있는 보건소가 사후적인 진료가 아닌 선제적인 진료가 가능한 기관으로 거듭날 때라고 봅니다. 지역 내 감염병 예방을 위한 공중보건 위기 대응이 철저히 준비되어야 하고, 내원하는 환자를 진료하고, 긴급한 의료 현장에 대해서는 방문 진료까지 가능해야 합니다. 동시에 보건소의 특성상 지역주민과 함께하는 건강교육, 건강 실천 프로그램을 통한 건강한 삶의 질이 보장되는 지역 내 건강 공동체 중심이 되어야 합니다.

보건소는 공공 보건 의료를 통해 시민들에게 공공성과 양질의 의료 서비스를 제공하는 최일선 보건 행정기구입니다. '감염병예방법(감염병의 예방 및 관리에 관한 법률)'과 '지역보건법'에 의거해 감염병 예방 관리 업무는 보건소의 핵심 기능이 되었습니다. 동시에 전통적으로 진행해오던 지역 건강검진, 노인 건강증진 사업, 위생 관리 등 지역 보건관리 업무도 고유한 업무로 자리 잡고 있습니다. 여기에 한 발 더 나아가 필수 진료 기능을 부단히 강화하여 공공의료가 부족한 대한민국 현실에서 보건소가 지역 의료 거점이 될 수 있도록 만들어야 할 것입니다. 아울러 보건소에 근무하는 의료진은 공중보건의가 아니라 행정고시 수준의 사무관급 이상으로 임명하는 제도를 만들어야 합니다.

보건소 강화를 위한 과제는 다음과 같습니다.

첫째, 인력이 확충되어야 합니다. 현재 보건소에는 공중보건의가 파견되어 있습니다. 공중보건의 제도는 병력 자원이 부족한 현실이지만 지역 의료 공백을 메우고, 지역 간 의료 격차를 해소하기 위해서는 필수 유지가 불가피한 제도라고 인정합니다. '의사 정원 확대와 공공의대 설립'이 실현된다면 보건소에서 일할 공중보건 인력의 확충과 진료 인력의 충원도 고려해야 할 것입니다. 전국 보건소 60%가 비전문가가 흉부 X-레이를 판독하고 있으며, 공공의료 담당하는 보건소에서 신기술을 접목해본 적도 없다고 합니다.[11] 위생 사업소 종사자들의 '보건증'을 발급해주는 행정이 보건소의 공적 의무가 아닙니다. 공공병원은 많은 재원과 시간이 소요되지만, 보건소는 당장 투입이 가능한 국가 보건 서비스의 효과적 재원입니다.

둘째, 보건소 시설 또는 장비의 현대화입니다. 보건소 의료 서비스의 질을 높여야 합니다. 보건소 차원에 운영할 수 있는 구급차를 대폭 증차하여 신속성과 효율성을 담보할 수 있는 제도적 보완이 요구됩니다. 보건소의 시설도 변화하는 현대 의학계의 현실을 반영하여 끊임없이 업그레이드하여 시민 맞춤형 보건소가 될 수 있게 해야 합니다. 이를 위해 '보건소법'의 개정을 통해 보건소의 기능을 더욱 강화해야 할 것입니다.

셋째, 상급 의료기관의 협진, 협업 네트워크를 구성하는 것입니다. 산촌이나 외진 곳에 한 해 원격의료를 허용하여 더 원활한 진료가 가능하게 해야 합니다. 또, '모바일 건강관리'를 보건소의 특화사업으로 삼아 일상적 건강관리가 가능하게 만들어야 합니다.

한국 사회는 급속도로 고령화의 단계로 진입하고 있다. 이제 유치원이나 어린이집보다는 노인요양시설이 더 많이, 더 빠르게 늘고 있다.

이럴 때 중요한 것이 바로 믿고 맡길 수 있는 공공 요양병원이다. 현재 경기도에는 경기도립 6개, 시립 2개 총 8개의 공공 노인전문병원이 있다.

경기도의 노인전문병원들은 평가에서도 우수한 평가를 받고 있으며 치매나 재활 등 특화된 시설로 높은 등급을 받는 곳도 많다. 경기도 노인 전문병원 강화를 위한 대책은 무엇인가?

———

2021년 현재 우리나라의 65세 이상 고령인구는 전체 인구의 16.5%로, 65세 이상 고령인구가 전체의 20%를 차지하는 초고령사회로 진입을 눈앞에 두고 있습니다. 초고령화 사회로 진입하면서 노인 건강에 대한 대책 마련이 시급합니다. 노인 질환은 일반 병원과 약간 다르기 때문입니다. 어린이에게 어린이병원이 필요하듯 노년기의 대표적인 질환은 파킨슨병, 치매, 뇌졸중 등은 전문성을 요하고, 오랜 기간 치료가 필요하며 재활과 집중 치료들이 수반되어야 하므로 일반 병원보다는 '노인전문병원'에서 다루는 것이 좋습니다.

경기도 노인전문병원 현황

병원명	설립 연도	등급	특화
경기도립노인전문 용인병원	1999	1	치매
경기도립노인전문 여주병원	2002	3	
경기도립노인전문 동두천병원	2007	1	재활, 투석
경기도립노인전문 시흥병원	2010	1	재활, 투석
경기도립노인전문 남양주병원	2010	3	치매, 재활
경기도립노인전문 평택병원	2011	3	재활, 투석
부천시립노인전문병원	2010	1	치매
안산시립노인전문병원	2013	2	재활

출처: 경기도립의료원 홈페이지, 저자 작성

경기도에도 지방정부가 설립하여 운영 중인 노인전문병원이 많습니다. 대부분 높은 전문성과 지역별 수요에 맞게 특화 능력을 보유하고 있어 시민들의 좋은 평가를 받고 있습니다. 문제는 아직도 노인전문병원이 없는 도시가 많고, 특히 노인 인구가 많은 도시에 노인전문병원이 부족한 실정입니다. 또, 경기도립 노인전문병원은 권역별로 분포되어 노인전문병원으로서 역할을 다하고 있지만 노인전문병원의 존재를 모르는 도민들도 많습니다. 앞으로 초고령화 사회로 진입할 텐데 노인전문병원의 확충과 도립 노인병원에 대한 인식 개선이 필요합니다.

경기도 노인전문병원의 과제는 다음과 같습니다.

첫째, 경기도로 유입되는 인구가 갈수록 증가하는 것을 고려했을 때, 장기적으로는 노인전문병원 추가 신설이 필요합니다. 현재 용인, 여주, 남양주, 시흥, 동두천 등 비교적 의료 인프라가 부족한 곳을 중심으로 노인전문병원이 설치되어 운영됐습니다. 이제 31개 시군으로 점차 확대하는 계획을 수립해야 합니다. 의사 정원 확대를 통한 공공의대 설립 논의와 함께 노인전문병원 확대에 대한 계획도 같이 수립되어야 합니다.

둘째, 노인 질환은 장기성을 요구합니다. 노인들의 경우 간병인이 없으면 혼자서 입원 치료가 불가능한 경우가 많습니다. 노인전문병원의 간호·간병 통합 서비스를 확대하여 간병비 부담 없는 노인전문병원을 만들어 가야 합니다. 경기도는 현재 서울·인천·강원·충북 등과

경기도 노인 전문 시흥병원 전경

출처: 시흥병원 홈페이지

함께 기초생활수급자와 차상위계층에게 간병비를 직접 지원하고 있습니다. 여기서 나아가 시범적으로 노인전문병원에서 모든 환자에 대해 간병비를 지원하는 시범 사업을 추진하는 것도 필요합니다.

그러나 정부나 지자체가 운영하는 공공요양시설은 없다. 어르신들을 치료하고 노인전문병원도 중요하지만, 어르신들을 믿고 맡길 수 있는 공공요양시설에 대한 요구가 높다. 이에 대한 의견은 어떠한가? 경기도는 이미 공공산후조리원과 같은 시설을 처음으로 실시하여 전국화한 경험이 있지 않은가?

노인전문병원이 노인들의 중증 질환을 치료하는 기능이라면 장기 입원으로 요양 치료를 하는 곳으로 요양병원과 요양원이 있습니다. 노인전문병원이 노인 질환 치료와 정상적 복귀를 돕는 데 집중하는 기관이라면 요양병원과 요양원은 장기적으로 돌보면서 고통 완화, 연명치료 등이 더 중심이라고 할 수 있습니다. 요양병원이나 요양원은 그 수가 압도적으로 많아야 하고, 요양병원과 요양원에 근무하는 사람들의 수도 아주 많아야 하므로 공공이 다 감당할 수 없는 영역입니다. 정부는 일정한 시설을 갖춘 민간이 이를 잘 수행하도록 적절히 감독하는 역할을 해야 한다고 생각합니다. 그래서 '공공산후조리원' 같은 정책을 경기도가 처음으로 실시했지만 '공공 요양병원'을 만들지 않는 것입니다.

그런데, 요양병원, 요양원의 문제를 생각할 때 가장 뜨거운 이슈는 '간병비 급여화' 문제입니다. 요양병원의 경우 "입원 치료비보다 간병비가 더 든다"라는 푸념이 나오고, 간병비를 감당하지 못해 가족 간에 비극이 발생하기도 합니다.

따라서, 비급여 대상인 간병비를 추진하는 것을 적극적으로 검토해야 한다고 생각합니다. 특히, 요양병원의 경우 간호·간병 서비스에서 제외되어 있으므로 간병비 부담이 상당합니다. 요양병원의 특성상 간병 수요가 높음에도 불구하고 간병비 급여화와 같은 제도적 기틀은 마련되지 않고 있습니다. 노인과 같은 경제적 빈곤층의 경우 간병비의 부담으로 인해 치료를 포기하는 경우도 발생하며, 양질의 의료 서비스를 받지 못한 채 생을 마감하게 되는 경우도 허다합니다. 이들을 위해서라도 요양병원 간병비 급여화가 꼭 마련되어 OECD 국가 중 노인빈곤율 1위라는 오명에서 벗어나야 할 것입니다.

이를 위해서는 의료법 개정을 통해 간병인에 대한 국가적 차원의 관리·감독 방안에 대한 법적 근거 마련해야 합니다. 그런 근거 없이 간병비의 급여화는 불가능합니다. 다음으로 국민건강보험법을 개정해서 간병을 요양급여 대상에 포함해야 합니다. 또한, 동시에 의료급여법도 개정해서 간병비를 의료급여 대상으로 합니다. 이렇게 여러 개의 법안을 동시에 개정해야 하는 어려운 입법 과제입니다.

동시에 이미 간병비의 급여화를 놓고 요양원들이 반대 여론이 거센데, 2022년 10월 열린 간병비 급여화 국회 토론회는 장기요양기관협회·한국재가장기요양기관협회 등 장기 요양기관 단체의 반대에 막혀 파행될 정도로 첨예한 이슈입니다. 그러나, 노인빈곤율 1위라는 안타까운 현실, 초고령화 사회로의 진입이라는 조건은 이제 더 이상 간병비 급여화를 늦추기 어려운 국가적 과제로 만들고 있습니다.

요양병원, 요양원 모두가 만족할 수 있는 '신의 한 수'는 없겠지만 그렇다고 정치가 손 놓고 있는 사이 적절한 간병을 받지 못해 스스로 목숨을 포기하는 노인이 늘어나는 것은 막아야 합니다. 보수 정당에서는 의료 복지와 관련해서는 '국민건강보험 재정 고갈'을 이유로 반대합니다. 그러나 국가의 존재 이유는 헌법 가치의 수호입니다. 대승적 차원에서 여야가 함께 머리를 맞대고 풀어나가야 할 문제입니다.

이제 재가 노인들에 대한 대책을 생각해보자. 재가 노인들을 위한 의료 복지 대책이 있는가?

―――

제가 생각하는 대안은 경로당 주치의 사업입니다. 대상자 대비 소규모 예산으로 얼마든지 가능한 저비용 고효율 사업이라고 생각합니다. 경기도가 추진하고 있는 '경기 초등학생 치과 주치의 사업'(덴티 아이경기·학교·치과병원과 치과의원·보건소 협력체계)을 벤치마킹한 것입니다. 실제 초등학생 대상 치과 주치의 사업으로 치아를 정기적으로 관리한 결과 충치로 인한 비용이 줄어 건강보험 재정에도 크게 이바지하였습니다.

이것처럼 경로당 주치의 사업도 비용 절감과 이용의 편리성을 더해서 최상의 효과성을 낼 수 있을 것입니다. 일부 기초단체에서 경로당 주치의 사업을 시범적으로 운영하고 있습니다. 인력 수급의 문제가 걸림돌이 될 수 있으나 의사 정원을 늘려서 하면 가능합니다. 지금의 고령화는 시작 단계지만 앞으로 50년 이상 더 나아가 100년 이상 고령화 시대를 겪어야 하는 우리는 저예산으로 효율성 높은 제도를 전략적으로 추진할 필요성이 있습니다.

우선 현재 적은 의료 인력으로는 '경로당 순회 주치의 사업'을 시작할 수 있습니다. 한 명의 주치의가 고정적으로 배치되는 것이 아니라 여러 곳의 경로당에 찾아가는 것입니다. 어르신들이 모이는 경로당과 마을회관을 직접 찾아갑니다. 의사 혼자만 가는 것이 아니라 간호사, 물리치료사 등과 함께 움직여 근육 강화 운동, 근력 운동 실습, 치매 예방 체조 등 건강한 삶을 유지시켜주는 사전 예방 활동을 함께 진행한다면 효과가 더욱 커질 것입니다. 특히, 노인의 수요가 높은 물리치료사를 정규직으로 고용해 경로당 주치의와 함께 움직이도록 한다면 새로운 일자리도 만들어낼 수 있을 것입니다.

순회 주치의 제도를 점차 경기도 31개 시군에 경로당 전담 주치의 사업으로 확대 추진하여 노인 건강권 보장은 물론 예방을 통해 100세 시대를 행복하게 열 수 있을 것입니다. 초고령화 사회는 우리가 안고가야 할 사회 공동체의 책무가 됐습니다. 회피하기보다는 적극적으로 대응해가야 합니다.

경로당 주치의 사업의 재원 조달은 매칭 사업(도 50%, 시 50%)으로 진행하고, 초고령화 시대에 맞춰 그동안 특별세 형태로 존재했던 교육세 등의 세목을 '노인 건강세'로 조정하는 등 적극적 사고가 필요할 것입니다.

현재 의사협회는 경로당 주치의 사업을 반대하고 있습니다. 반대 이유는 특정 의원을 경로당 주치의로 선정하면 다른 환자들이 불편을 겪는다는 것입니다. 그리고 이미 '지역 1차 의료 및 만성질환자 관리 사업'을 통해서 적절하게 관리하고 있다고 주장합니다. 저는 의사협회의 논리도 일리가 있다고 생각합니다. 하지만, 특정 의원을 주치의로 지정하고 노인들이 찾아가는 방식이 아니라, 경로당에 주치의가 정기적으로 찾아가 진료 활동, 재활치료, 건강 예방 교육 등을 실시하자는 것입니다. 지금은 개원의에게 부가적으로 맡겨지는 사업이라면, 이 사업은 전담 주치의를 지방정부가 고용하는 개념으로 기존의 정책과는 전혀 취지가 다르며, 나아가 특정 의원으로 환자가 몰리는 일도 없을 것입니다.

경기도에서 아이를 키우는 부모라면 누구나 경험해본 이야기가 있다. 바로 '부모 울리는 야간 응급 시스템'이다. 긴 대기 시간에 한 번 울고 비싼 진료비에 두 번 운다. 그나마 병원이라도 가까우면 다행이지만 가까이에 없는 경우도 많다. 저출산 시대에 낳은 아이마저 이렇게 키우기 힘들다면 어떻게 되는가? 이 문제에 대한 대안은 무엇인가?

"대한민국 완전히 망했네요!" YTN과 인터뷰하던 미국의 데이비드 콜먼 교수가 한 말이 화제가 되었습니다. 그런데, 이분은 다 놀라지 못한 것입니다. 왜냐하면, 이 교수가 본 수치는 2022년 합계 출산율인 0.78명이었는데, 2023년 2분기 합계 출산율 0.7명으로 그보다 더 떨어졌기 때문입니다. 대한민국은 국가소멸로 빠르게 질주하는 중입니다.[12]

저출생에 대해서는 여러 가지 말이 있지만, 아이 낳기를 꺼리는 가장 기본적인 이유는 아이를 키우기 힘들다는 것입니다. 어린이집부터 시작되는 치열한 경쟁은 부모들을 지치게 만듭니다. 그러나 그것은 일도 아니죠. 정작 아이가 아프기라도 하면 '어린이 전문병원'이 없어서 발을 동동 구릅니다. 구급차에 실려 여기저기 떠돌다가 죽을지도 모릅니다. 그러니 누가 애를 낳고 싶겠습니까? 주택, 교육 모두 문제지만 가장 기본적인 의료의 문제는 쉽게 해결할 수 있는 문제입니다.

보건복지부는 2023년 1월 31일 '필수 의료지원 대책'을 마련하면서 '소아의료체계 개선 대책'을 수립하겠다고 발표하였습니다. 그 내용에 보면 '어린이공공전문진료센터'와 '소아전문응급의료센터'를 추가 지정하고, 소아암 거점 병원을 육성한다고 합니다. 소아 진료 등 수요 부족 분야는 기반 시설을 유지할 수 있도록 운영 경비를 지원한다고도 발표했습니다.[13] 정부의 방향에 전적으로 동의하지는 않지만, 기본적으로 동의합니다. 우선 경기도 아이들의 진료권 확보를 위해서 권역별 '공공 심야 어린이병원'을 설립해야 합니다.

심야 시간대 어린이는 전문의 진료를 받을 수 없어서 위급한 상황에서도 여러 곳을 돌아다녀야 합니다. 이에 따라 헛되이 목숨을 잃는 일이 벌어져서는 안 됩니다. 우리 소중한 아이들이 전문적인 소아 진료를 받을 수 있도록, 언제 어디서나 자유롭게 외래 진료와 심야 진료 서비스 받을 수 있도록 '공공 심야 어린이병원' 신설은 반드시 이뤄져야 합니다. '공공 심야 어린이병원'은 성인 응급환자와 분리하여 진료 받을 수 있어서 응급실 과밀화 해소도 이바지할 것으로 기대됩니다.

6

기술 보국, 교육입국의 꿈:
경기 3대 과학기술 교육기관 설립

경기도에는 수많은 우수한 대학이 있다. 그러나 반도체 인력의 부족, 고급 연구개발 인력의 부족 등의 문제가 발생하고 있다. 특히, 고졸과 대졸의 임금 격차, 인문계 출신자들의 취업난과 같은 문제도 청년들의 높은 실업률을 부추기는 원인이다. 만성적 인력 부족 문제도 풀어야 하고, 임금 격차도 해소해야 한다. 복잡한 문제를 어떻게 해결할 수 있을까?

최근에 아주 재미있는 사건이 하나 있었습니다. 중국의 대표적 이동통신업체 화웨이가 새로운 핸드폰을 출시했는데, 중국 젊은이들이 매장에 몰려서 장사진을 이뤘다는 것입니다. 화웨이는 트럼프 시절부터 미국의 강력한 제재를 받아 외부로부터 칩(반도체)을 제공받지 못하는 상태여서 새로운 제품을 출시할 수 없는 상태라고 생각했습니다. 그런데 최근 새 제품을 출시하면서 미국의 반도체 공급 제재를 스스로 극복했다는 것을 보여준 것입니다. 이것을 중국의 '애국주의 열풍'으로 치부해선 안 되는 이유가 중국의 기술력 때문입니다. 한편, '아이폰 대신 화웨이를 쓰자'라는 운동이 벌어지고 있는데, 이는 미국의 반도체 제한으로 중국 휴대전화기의 품질 저하로 어쩔 수 없이 '아이폰'을 사용해왔던 상황에서 이제는 중국산 화웨이를 쓰자는 취지로 제안되었으며, 중국 젊은이들에게 큰 호응을 얻고 있습니다.

이러한 내용이 우리에게 많은 시사점을 줍니다.

첫째, 중국의 칩 기술이 빠르게 발전하고 있다는 것입니다. 삼성, 하이닉스 등 한국의 반도체 업체들은 주로 고가의 메모리 칩을 중국에 팔고, 저기술의 칩을 수입했습니다. 중국이 만드는 제품에 들어가는 반도체는 한국과 한국이 세운 중국 현지 공장에서 중국으로 수출되었습니다. 중국 처지에선 한국을 따라잡아야 하는 과제가 있었습니다. 그런데 미국의 반도체 제재로 인해 중국은 자체로 개발하지 않으면 안 되었고 비록 간격은 있지만 스스로 만들어냈다는 것입니다. 그런데 그 칩 기술력은 한국이 경쟁 상대가 아니라 바로 미국의 퀄컴 사와 같은 최고 수준의 기술을 가진 업체와 경쟁하는 것입니다. 한국도 빠르게 대처하지 않으면 바로 따라 잡힐 수 있는 상황입니다. 한국은 중국의 도전에 기술 격차를 더 벌려야 하는 과제를 안게 되었으며, 중국이 따라오지 못하는 더 고급화한 기술을 획득해야 하는 과제도 안게 되었습니다.

둘째, 한국 반도체는 주로 메모리 칩에 특화되어 있습니다. 세계는 점차 로직 칩의 설계 능력과 그것을 주문대로 생산해낼 수 있는 파운드리 팹의 중요성이 커지고 있습니다. 대만의 대표적인 파운드리 팹인 TSMC 때문에 중국이 대만을 침공하려고 하며, 미국은 이 회사를 지키기 위해 전쟁을 벌인다는 얘기 나올 정도입니다. 그러나, 아직 우리나라는 로직 칩을 설계하는 '팹리스'도, 정교한 생산능력을 갖춘 '파운드리'도 갖추지 못한 상태입니다.

우리에겐 시급히 이 두 가지 영역에서 세계와 경쟁할 수 있는 기반을 갖추는 것이 필요합니다. 다행히 2025년까지 건설 예정인 '용인 삼성 반도체 클러스터'는 최초의 '파운드리 팹'입니다. 현재 건설이 진행되고 있는 삼성전자 기흥·화성 캠퍼스는 '팹리스' 연구시설이 들어서고, 로직 칩을 생산해낼 것입니다.

2020년대 한국을 경제 규모를 세계 10위에 올려놓고, 수출 8위의 무역 대국으로 만든 주역이 바로 반도체 칩입니다.

그런데 지금은 거센 도전을 받는 상황입니다. 추격해 오는 중국을 따돌리고, 앞서가는 미국을 따라잡아야 합니다. 우리에게 이 모두를 한 방에 해결해줄 무기는 인재밖에 없습니다. 경기도는 1,400만의 인구와 이미 반도체 관련 대다수 공장과 기반 시설을 가지고 있는 곳입니다. 경기도야말로 현재 한국 반도체 산업이 안고 있는 도전을 극복하기에 최적인 장소입니다. 자원은 적고, 땅덩어리가 좁은 우리가 오늘의 경제 성장을 이룬 것은 오로지 교육입국의 정신 때문입니다. 따라서, 지금 경기도가 당장 해야 할 일은 경기도 안에 우수한 반도체 산업 인력을 배출할 수 있는 학교를 만드는 것입니다. 연구·개발을 중심으로 하는 '연구중심대학'도 필요하고, 반도체 생산에 필요한 고급 인력을 양성하는 '인재 양성기관'도 필요합니다.

반도체뿐만 아닙니다. 성남에는 국내 최대 규모의 ITC 단지 판교 테크노파크가 있습니다. 의왕에는 수소 생태계를 구축하는 수소 단지가 있습니다. 경기도 광명과 화성과 평택에는 배터리, 전기차를 만드는 자동차 공장이 있으며 그 공장을 중심으로 부품 단지가 줄지어 서 있습니다. 수원에는 자율주행 차량을 테스트하는 테스트베드가 있으며, 경기도 융합기술원, 나노기술원 등 무수한 연구기관이 있습니다. 일산에는 콘텐츠 산업이 몰려 있습니다. 종합하면 4차 산업혁명을 선도할 수 있는 모든 산업 기반이 형성되어 있다는 것입니다. 이 많은 산업에서 연구 인력, 산업인력을 요구합니다. 그러나 경기도에는 아직 턱없이 인재가 부족합니다.

한국반도체산업협회에 따르면 오는 2031년 국내 반도체 인력 규모는 30만 4,000명으로 증가하지만 2021년 기준 반도체 인력 규모는 17만 7,000명에 불과한 수준입니다. 이 같은 수준이 지속되면 2031년에는 무려 5만 4,000명의 인력이 부족할 전망입니다. 연간으로 따지면 약 3,000명의 반도체 인력이 꾸준히 부족한 셈입니다.[14] 반도체는 첨단 기술이 집적된 분야인 만큼 인재 확보가 어떤 산업보다도 중요하지만, 인력 부족으로 난감한 상황입니다. 거센 도전을 물리치려면 하루빨리 반도체 연구·개발(연구·개발)에 투자를 집중해야 하는 기업들로써는 연구 인력의 부족으로 난감할 수밖에 없습니다.

그런데도 아쉬운 부분도 있었습니다. 경기도지사 선거에서 경기 파주 영어마을 터를 공유하는 방법으로 경기도 4차 산업혁명대학교 설립 공약을 발표했습니다. 경기도에 필요한 4차 산업 전문인력을 양성하자는 취지였습니다. 이에 인수위에서 논의 끝에 공약으로 실행하기로 하였고 인수위 단계부터 실무자 TF팀을 운영하여 논의하던 중 4차 산업혁명대학교 설치에 적극적인 담당 과장과 팀장을 타 부서로 보내고 부정적인 시각의 담당자로 배치하더니 급기야 경기도민을 상대로 약속 한 경기도지사의 공약(公約)을 공약(空約)으로 종결하는 사례가 있었습니다. 상황이 이러한데 경기도 지역에 반도체 클러스터를 구축한들 무슨 의미가 있을까요? 경기도 지역에 4차 산업에 필요한 인력의 중요성을 인지하지 못하고 있습니다. 아쉬울 따름입니다. 양질의 일자리를 원하는 경기도 청년들에게 '기회의 경기'를 말할 수 있는지 경기도에 되묻고 싶습니다. 생각건대 경기도 공직자의 눈과 귀는 항상 열려 있어야 합니다.

연구 인력, 산업인력이 부족하고 4차 산업에 필요한 인력 양성의 중요성이 절실한 상황에서 그동안 수도권정비계획법으로 인해 묶여버린 경기도 대학 신설 문제를 풀어야 합니다. 신설 문제가 풀리면 최고급 연구 인력 양성을 위한 연구중심대학과 전문 인력 양성을 위한 기술대학을 건립해야 합니다.

먼저, 연구중심대학을 설립해야 합니다. 대전에 있는 한국과학기술원(KAIST)의 경기도 버전인 경기과학기술원(Gyeonggi Alternative Institute of Sience & Technology, GAIST)이 필요합니다. 대학이 소멸하는 상황에서 신규 증설은 낭비라는 논리는 마치 학교 총량제로 신도시 학교 증설을 가로막는 논리와 같습니다. 필요한 곳에는 필요한 것을 짓고, 필요 없는 곳에는 다른 대안을 마련하면 됩니다. 경기도는 절실하게 꼭 필요하고 반드시 세워야 합니다.

경기과학기술원은 도립 대학교가 아닙니다. 도립 대학교로 세우는 순간 교육부 산하 법인이 될 수밖에 없으며, 교육부의 기준을 따라야 합니다. 그것은 연구중심대학으로 발전하는 데 바람직하지 않습니다. 경기도는 출연만 하고, 별도의 법인으로 설립한 후 과기부 산하 법인으로 등록해서 KAIST와 같게 운영될 수 있게 해야 합니다. 학생 선발과 운영에 자율성을 갖춰야 합니다. 교육부 산하로 들어가면 학과 개설과 정원 조정도 자율적으로 할 수 없습니다. 이 학교는 철저히 산업 현장에서 요구되는 문제를 해결할 인재를 육성하는 목적이므로, 산업계의 변화에 따라 증원과 감원, 과의 개설과 폐지가 원활해야 합니다. KAIST가 경쟁력을 갖는 것은 교육부 산하의 일반 대학이 아니라 과학기술을 중시하는 과기부의 감독을 받기 때문입니다. 경기과학기술원은 반드시 그런 시스템으로 만들어져야 합니다.

경기과학기술원은 반도체 분야에서 초격차 기술을 연구하고, ITC,

AI, 양자컴퓨팅 등 경기도에 소재해 있는 기업들의 요구에 맞는 인재를 육성하게 될 것입니다. 최고의 교수진과 최상의 시설을 갖추고 교육비 전액을 도비로 지원한다면 인재를 선발할 수 있을 것입니다. 대신 졸업 후 일정 기간은 반드시 경기도 소재 기업에 취직하도록 제한을 둔다면 인재 유출의 위험도 없을 것입니다.

다음으로, 경기도에 산재해 있는 반도체 생산, 배터리 제작, 전기자동차 제작 및 부품 개발, AI를 활용한 ITC 기업 등 4차 산업혁명 기반의 기업들에 절박한 인력난을 없애줄 교육기관도 필요합니다. 대졸 출신과 고졸 출신의 임금 격차 완화하고, 인문계와 이공계의 차이를 극복하기 위해 경기도에 취업하는 것을 전제로 3년제 기술대학인 '경기과학기술대학교'를 경기도가 인수해서 '경기공대(G-tech)'로 운영하면 좋겠습니다.

경기과학기술원이 연구 인력, 최첨단 기술개발 인력을 육성한다면, 경기공대는 우선 시급한 반도체 관련 전문인력을 양성하여 경기도 내 반도체 기업들의 인력난을 해소하고, 4차 산업혁명 관련 학과(AI·수소·배터리·바이오 등)를 설치하여 산업인력을 조기에 확보하고 뿌리산업 첨단화와 관련 학과를 통해 도내 전통 제조업들의 국제 경쟁력을 강화할 것입니다. 여기서 배출되는 모든 인력을 경기도에 투입되어 고품격 일자리 창출로 이어질 것이며, 인문계의 기술교육, 고졸 취업자의 재교육 등을 통해 직군별, 학력별 소득 격차를 해소할 수 있습니다.

마지막으로 프랑스의 디지털 청년창업육성학교 '에꼴 42(Ecole 42)'를 벤치마킹하여 (가칭) '42 경기'를 만들어야 합니다. 이미 서울시에서 운영하는 '42 서울'이 존재합니다. '42 서울'은 '에꼴 42'의 정신에 공유하여 '가르치는 교수도, 정해진 교재도, 비싼 학비도 없는 3無'를 강조합니다. 경기도를 청년들의 에너지로 창의와 혁신이 넘치는 곳으로 만들려면 예비 청년 창업가의 재능을 100% 개발할 수 있는 색다른 교육과정의 인재 양성 학교를 설립해 경쟁력 있는 스타트업 인재를 배출하는 것이 시급합니다. '42 경기'는 바로 그런 목적으로 만들어지는 학교입니다. 100% 무상교육, 학력 무제한으로 만 18~30세이면 누구나 인터넷으로 입학 지원이 가능하며, 정보기술(IT)에 대한 간단한 테스트를 통해 입학 후보자를 우선 선별하고, 한 달간의 입학시험 과정을 통해 최종 입학할 수 있으며 입학 후 3년간 교육과정을 거치게 됩니다.

경기도 미래 산업의 주축은 디지털 산업입니다. 디지털 산업을 이끌어갈 스타트업 육성을 목적으로 과감히 학교를 설립하여 인재를 키워야 합니다.

이렇게 최고 수준의 연구·개발자를 위한 경기과학기술원과 산업현장에 꼭 필요한 전문인력을 양성하는 경기공대, 그리고 디지털 경제를 이끌어 갈 스타트업 창업자들을 위한 42 경기라는 세 개의 교육기관으로 경기도의 미래를 밝혀가야 합니다.

7

서울 편입?
수도권정비계획법부터 개정하라

국민의 힘에서 '김포·하남·구리·고양' 등을 서울로 편입하겠다고 한다. 집권 여당이 국토 균형발전을 저버렸다는 비난이 거세다. 경기도민으로선 매우 불쾌하다.

고작 경기도민을 위한 공약이 서울 편입뿐인가? 서울로 편입되지 못한 지역은 그럼 2류 지역인가? 모욕도 이런 모욕이 없다.

정말로 경기도민을 위한다면, 서울로 편입할 것이 아니라 경기도가 서울의 배후지, 서울의 들러리가 아니라 진정한 1,400만 도민의 도시가 되기 위해 '수도권정비계획법'(이하 수정법)부터 고쳐야 한다고 본다. 수정법은 수도권 과밀 억제라는 허울 좋은 명분만 남은, 사실상 서울을 성장시키고 경기도 발전을 억제하는 법에 불과하다.

수정법을 어떻게 바꿔야 도민의 삶의 질을 획기적으로 개선할 수 있나?

아무리 표가 급해도 그렇지, 경기도민을 표 찍는 기계로 생각하는 아주 몰상식한 공약입니다.

사실 서울 편입 문제가 왜 나왔느냐를 고민해 보면 거꾸로 경기도의 발전 방향이 나옵니다. 서울에 편입해야 삶의 질이 개선된다는 것 아닙니까?

그 이유가 바로 수도권정비계획법(이하 수정법) 때문입니다. 서울을 위한 편리성을 위해서 경기와 인천지역의 교통, 금융, 의료, 교육, 경제, 문화, 식수 등 거의 모든 분야는 '수도권 규제'라는 명목으로 제한됐습니다. 서울을 제외하고 수도권 주민이라면 누구나 수정법에 의해 행복추구권을 강탈당하고 있습니다.

여기에 더해 경기도 북부권은 '접경지대'라는 국가 차원의 군사 안보적 필요성으로 인해 '군사보호구역'이라는 이중 규제를 받고 있고 경기 동부권 지역은 상수원 보호라는 이유로 '팔당특별대책권역'이라는 이중 규제를 받고 있습니다. 이 두 권역은 수도권 규제 외에도 심각한 수준의 중복 규제로 인하여 정신적, 경제적, 사회적, 문화적으로 희생을 강요당하고 있는 셈입니다.

경기 메가시티에서 1,400만 명의 경제공동체를 실현하려면 가장 우선으로 수정법이 개정되어야 합니다. 용인에 세계 최대 규모의 파운드리 팹이 들어서고 있습니다. 그런데, 수정법 때문에 '용인 반도체 클러스터 특별법'을 별도로 만들어야 했습니다. 그만큼 경기도의 미래 성장 동력을 얻기 위해서는 수정법 개정이 필수입니다.

수도권정비계획법상 관리권역 구분

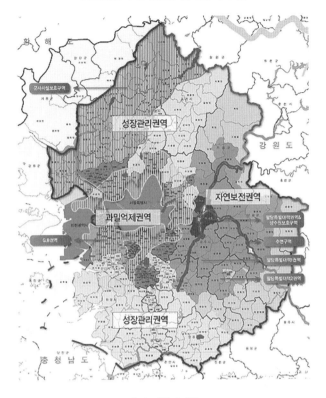

출처: 이천시 제공

　수정법의 개정은 그동안 수도 서울 시민들을 위해 '특별한 희생'을 해온 경기도민에 대한 '특별한 보상'입니다. 경기도민은 서울시 시민을 위해 희생을 감수하며 2등 시민으로서의 차별을 버티고 있고, 모든 성장과 부의 과실은 서울이 따먹고 있음에도 서울과 수도권을 묶여서 비수도권 지방과의 역차별 등 이중 차별을 받고 있습니다. 저는 수정법 개정의 방향 핵심을 '성장촉진권역' 신설과 '자연보전권역' 축소로 잡았습니다.

경기도 지역 현실에 맞게 수도권정비계획법 4개 권역인 '과밀억제권역', '성장관리권역', '자연보전권역', '성장촉진권역'으로 개정하면 모든 문제가 해결됩니다. 물론 이는 입법 사항입니다. 더 나아가 수정법 내에서 자연보전권역을 축소하고, 과밀억제권역의 기준도 시대 변화에 따라서 완화해야 합니다.

경기도는 해방 이후 수도권이라는 미명 아래 서울을 위해서 만들어진 각종 중첩 규제로 부터 벗어나야 한다. 이는 경기도와 대한민국의 미래 성장 동력을 확보하기 위해서 수도권정비계획법 전면 개정이 필요하며 아울러, 경기 북부와 동부지역 균형 발전을 위한 △'성장촉진권역 지정 및 지원에 관한 특별법 제정' △'무노조첨단산업단지 설치 지원과 외국기업 유치 지원을 위한 특별법 제정' △'팔당 상수원 취수원 이전과 지원에 관한 특별법 제정'과 경기 중부와 서부지역 균형 발전을 위한 △'과밀억제권역 내 일부 지역 성장관리권역 지정 및 지원에 관한 특별법 제정'이 절실하다. 이를 위해서 경기도민의 서명운동을 제안한다.

수정법 개정 이후 변화된 권역 구분

'성장촉진권역'은 수정법 때문에 낙후된 지역의 성장을 촉진하기 위

수정법 개정 이후 변화된 권역 구분

성장촉진권역
과밀억제권역
자연보전권역
성장관리권역

자연보전권역 : 남한강, 북한강 경계선 양쪽 1km 이내 설정

해 각종 규제를 과감하고 신속하게 해제하며, 필요한 행·재정적 지원을 국가 차원에서 보장하는 권역입니다. 이미 낙후된 지역에 대해서는 특별법 형태로 이러한 차원의 특별한 지원이 많이 이뤄졌으며 실제 지역의 낙후성을 탈피하는 데 큰 도움이 되었습니다. 서울을 감싸고 있는 경기도는 자기 의사와 상관없이 수도권으로 지정되어, 각종 개발과 발전에 엄청난 제약을 받고 있습니다. 처음에는 서울 발전을 위해 각종 규제로서 희생을 강요하더니, 시간이 지남에 따라 수도

권이 과밀화된다면서 서울로의 집중을 방지하기 위한 과밀 규제가 더해졌습니다. 이제는 풀어야 합니다.

'성장촉진권역'으로 개정한다는 가정하에 수정법에 의한 규제 해제 방향을 제시하면 다음과 같습니다.

첫째, 양질의 일자리 창출로 대한민국 미래 먹거리산업 주도와 경기도 균형 발전을 도모하기 위한 거시적(巨視的)인 방안이 필요합니다. 외국기업 유치와 투자 유치를 유인하기 위해서는 '무노조 첨단산업단지'의 조성이 필요합니다. 산업현장에서 무노조라는 것은 금기어이나 이제는 우리의 '청년세대'와 '미래세대'를 위해서는 새로운 길을 찾아야 합니다. 청년세대는 양질의 일자리가 없어 취업을 포기하거나 알바로 전전하고 있습니다. 이런 상황에서 결혼과 출산이 이루어지겠습니까? 우리 기성세대들의 책임입니다. 아울러 외국 기업이 투자하려고 하여도 온갖 규제 등으로 인하여 발을 돌렸던 사례들이 빈번했습니다.

경기도 북부권과 동부권을 성장촉진권역으로 개정하면 한 방에 해결할 수 있습니다. 외국 기업 유치와 투자 유치를 유인할 수 있는 모든 인프라를 갖추고 있습니다. 우리는 양질의 일자리 창출, 직주근접단지(토지임대부 공공 주택단지) 조성, 지역경제 활력, 삶의 질 향상 등이 이루어집니다. 이를 위해서는 정치권과 중앙정부와 지방정부는 성장촉진권역 지정을 서두르면서 한편으론 투기꾼이 접근할 수 없도록 법적 대응을 선결(先決)해야 합니다.

둘째, 접경지역인 북부권(파주, 양주, 동두천, 연천, 포천)과 김포는 수정법 외에 군사시설보호법 등의 중첩된 규제로 경기도 다른 지역에 비해서 산업 경쟁력, 사회 기반 시설, 학교 등 교육 시설, 문화·의료 등 복지 시설 등이 매우 열악합니다. 이 지역을 '성장관리권역'에서 '성장촉진권역'으로 변경하고, '군사보호구역' 역시 대폭 축소합니다. 이는 접경지역 주민들에게 가해진 역차별을 해소하고, 경기도 균형발전을 위한 대전환을 위한 조치라고 할 수 있습니다.

셋째, '자연보호권역'에 해당하는 남양주, 광주, 하남, 구리, 용인, 안성, 가평, 양평, 여주, 이천은 '팔당특별관리권역'으로 인해 '상수원보호 구역' 지정, '수변 구역' 지정, '공장총량제', '수질 대기 오염 총량제' 등 한강 수계 수질 및 녹지 보전을 위한 대대적인 개발 제한이 걸려 있습니다. 그러나 역설적으로 이 지역의 인구 밀집과 교통 여건 등으로 공장입지가 좋아 오히려 소규모 공장의 난립과 주택 난개발이 일어나 자연환경 훼손과 교통 대란으로 지역 주민들에게 고통을 주고 있습니다. 깨끗한 환경을 위한 규제가 오히려 주민들의 삶의 질을 악화시키고, 불법적 공장 증설만 낳고 있는 것입니다. 이 지역에 드리워진 대규모 개발 제한이라는 규제로 인하여 외국 기업의 투자 및 국내 기업의 전략산업에 필요한 공장 증설할 수 없어 좋은 일자리 창출과 지역경제 활력에 먹구름을 짓게 하고 있습니다.

그래서, '팔당특별대책 2권역 지역'을 '성장촉진권역'으로 개정할 것을 제안합니다. 산업단지 및 공업지역 허용 면적을 6만m^2 이하에서 50만m²와 30만m² 이하로 조정하면 동부권을 중심으로 새로운 경제도시를 구축하여 청년을 포함한 중장년층이 필요한 일자리와 주거시설을 구축할 수 있습니다. 이를 통해 난립하는 소규모 공장을 막고, 주택 난개발을 방지하며, 정상적인 교통 기반 시설 구축을 통해 환경을 개선하여야 합니다. 그리고, 장기적으로는 팔당 상수원의 북상을 통해 이 지역 문제를 완전히 해결해야 합니다.

넷째, 역시 「수정법」에 의해 규제를 받는 경기 중부권은 '과밀억제권역'에 포함된 일부 지역을 '성장관리권역'으로 바꿀 필요가 있습니다.

이들 과밀억제권역은 대한민국 수출의 전진 기지 역할을 한 곳입니다. 하지만 수도권 집중화를 해소한다는 명분으로 산업단지 지정과 대학 신설이 금지되고, 공장 총량제로 대형 공장 신설과 대형 연구시설 신설도 규제 당하고 있습니다. 기존에 있던 기업들은 지방으로 떠나 도시는 자족기능이 떨어져 지역 공동화(空洞化)가 시작되었고 해당 도시들은 베드타운으로 전락하고 있습니다. 도시들은 각종 규제로 신규 기업 유치는 원천적으로 차단되어 역차별을 받고 있다. 부천·광명·안양·군포·의왕·과천·수원·성남·시흥시 일부 등에 맞춤형 성장관리권역으로 지정하여 도시의 활력을 찾아줘야 한다.

앞 페이지 '수정법 개정 이후 변화된 권역 구분' 그림을 보시면, 과밀억제권역 속에 추가적 '성장관리권역'이 표시되어 있습니다.

이 모든 것은 수정법 개정을 통해서 가능합니다. 그러나, '자연보전권역 축소'는 '수정법 시행령 개정' 사항으로 이는 의지만 있으면 언제든지 가능합니다. 지금 경기도는 중요한 기로에 서 있습니다. 반도체 클러스터로 미국 실리콘 밸리를 능가하는 곳이 되느냐? 아니면 수정법에 묶여 낙후한 지역으로 남느냐? 이 모든 것이 2024년 총선과 2027년 대선으로 결정될 것입니다.

한국이 수도권 규제를 모방한 일본의 현재 상황

대한민국의 수정법은 1982년대 일본의 수도권 규제를 수입한 것이다. 이 과정에서 규제 위주로 변질되었다. 일본은 수도권 전체 면적의 2.5%인 기존 시가지만을 규제하고, 특히 중복규제는 없다. 이에 비해 한국은 1984년 제정된 이 법은 수도권 전 지역을 규제하고 있으며 대기업의 신축과 증설, 대학설립, 관광지 개발, 대형건축물 신축, 택지개발 등을 엄격하게 제한하고 있다. 그리고, 일본에 제도에는 없는 자연보전권역이 추가되었다. 특히 한강수계를 보전한다며 광주, 이천, 여주, 가평, 양평 등 팔당상수원 주변 8개시군(3천829㎢. 경기도 전체면적의 37. 7%)에 걸쳐 지정된 자연보전권역은 사실상 개발 불가 지역이다.

동부권 수도권 규제의 역설에 관해 이야기해 달라.

───

경기 동부는 40년 넘게 '자연보전권역'과 '수도법', '공장총량제', '수질 대기 오염 총량제' 등 한강 수계 수질 및 녹지 보전 등을 위해 이중 삼중의 규제를 당하고 있다고 기술한 바 있습니다. 이런 부작용으로 인해 소규모 공장과 영세 공장이 난립하여 환경오염과 난개발 심각한 상태입니다.[15] 특히 경기 동부지역은 국가 산업단지가 전혀 없어 지역 간 불균형도 심각한 상태입니다. 지역 간 불균형이 수도권 규제의 역설입니다.

이를 위해서는 자연보존권역을 완화하여 공업용지 조성 허용 면적을 6만m^2에서 50만m^2 이상으로 확대하여야 합니다. 그래서, 이 지역에서도 산업단지가 정상적으로 설치될 수 있게 하고, 이 산업단지에 친환경적인 첨단기업들이 입주할 수 있는 산업단지로 규모를 확대하여야 환경오염과 난개발을 막을 수 있습니다. 특히, 반도체 기업이 있는 입지를 적극적으로 활용하여 1,000m^2 이상 공장입지를 많이 개발하여 분양하고 이곳에 소·부·장 단지 조성으로 양질의 일자리 창출을 통해 지역경제 활력을 이끄는 성장 동력으로 삼았으면 합니다.

또한 각종 규제로 인하여 경기도에서 고등교육 여건이 가장 열악한 곳이 바로 경기 동부권입니다. 여기에는 4년제 대학도 부재합니다. 경기 동부권 이천에 반도체 공장이 있으며, 가까운 용인에 대규모 반도체 클러스터가 들어설 예정입니다. 이런 최적의 조건을 고려하여 반도체 기술 인력 양성과 4차 산업혁명(수소, 자율주행, 배터리, 친환경 농업) 전문가 육성을 위해 전문대학, 가칭 '경기과학기술원' 분원을 유치해야 합니다. 이 대학들은 생산 현장과 접목하여 최고의 인재를 길러낼 수 있을 것입니다.[16]

수도권에 공장을 증설할 수 없는 이유 : 지나친 이중 규제 사례

- 「산업집적활성화 및 공장설립에 관한 법률」: 이 법률에 따라 '자연보전권역'에서는 6만 m^2 이상의 산업단지를 설치할 수 없고, 단위 공장도 1천 m^2 이상 설립이 불가능하다.

- 「환경정책기본법」: 팔당 상수원 수질보전 특별대책지역 규제로 인해서, 1권역은 800 m^2 이상의 공장 설립이 불가하고, 2권역은 일정 기준 이상 하수처리 시설을 설치해야 가능하다.

- 「수도법」: '상수원보호구역'과 '수변구역' 지정을 통해 공장 설립 제한

- 「물환경보전법」: 공장 설립 시 오염물질 배출시설 설치 제한 지역으로 공장 설립이 불가능하다.

자연보존권역 문제 말고 또 큰 문제가 팔당상수원 보호구역 문제이다. 알다시피 서울시 시민들이 먹고 마시는 물을 관리하기 위해서 경기 동부권의 발전은 유보되어 왔다. 그리고 용인에 반도체 클러스터를 구축하는 국가적 명운을 걸었는데 반도체에 사용될 공업용수가 없어 북한강 상류의 물을 끌어온다고 한다.

이 두 가지 문제를 어떻게 해결해야 할까?

경기도는 각종 규제로 인하여 정말 현기증이 날 정도입니다. 경기도민이 무슨 죄인이라도 된 느낌입니다. 경기도는 한마디로 불합리한

규제의 연속 속에 살고 있습니다. 단적인 예 하나가 팔당특별관리권역 문제입니다. 서울시 시민의 식수 공급을 위한 '팔당댐 취수원'을 보호하기 위해 경기도민이 이중, 삼중의 규제를 받고 있습니다. 더구나 경기도민은 북한강 수계와 남한강 수계를 끼고 있는 타 도시보다 불이익을 더 당하고 있습니다. 남한강 수계와 북한강 수계에 있는 경기도 지역은 '상수도보호 관련 규제'와 수정법 상의 규제 모두를 받지만, 북한강 수계와 남한강 수계의 강원도민과 충청도민은 아무런 규제를 받지 않습니다. 동일한 한강 수계지만 상류 지역에는 규제가 없는 반면 경기도만 서울시 시민을 위해 규제를 받고 살아가야 합니다. 정작 서울시 시민이 먹는 물은 상류에서 내려오는데 행정의 편리성을 위해 하류에 있는 지역에만 중복규제를 하고 있습니다.

팔당 상수원 보호를 위한 규제들은 수정법 도입 취지도 관련 없고, 수질 관리가 목적이라면 관련 법령이 있는데, 오로지 팔당댐 수질 관리를 위해 이 지역 전체를 '자연보전권역'으로 묶어 관리하는 것은 과도하고 불합리한 중복규제라고밖에 볼 수 없는 것입니다. 주민의 불편함은 물론이고, 40년의 규제 결과로 수도권에서 가장 낙후된 지역이라는 오명을 뒤집어쓰고 있는 것입니다.

'수질관리법, 수도법, 환경정책기본법, 수질환경보전법, 한강수계법' 등 수질 관리를 위한 법령에 따른 규제는 어쩔 수 없다고 하지만, 하수처리 기술이 부족한 시기에 만들어진 규제들이 현대 하수처리 시설의 우수성으로 하천으로 내려가는 불순물 처리가 아주 쉽게 처

한강수계 댐 현황

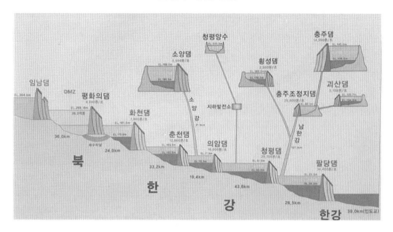

한강 수계에 있는 여러 댐의 위치. 경기도는 청평댐과 소양강댐으로의 이전을 검토했었다.
출처: 한국수자원공사

리되는 시대에도 여전히 남아 있는 것입니다. 상수원을 실시간으로 보호하려면 지역 전체를 규제할 것이 아니라, 거점별 하수처리 시설을 더 확대하고, 오염원을 철저히 관리하며, AI 등을 활용해 오염원을 미리 차단하는 등 과학적 물 관리를 통해 수질을 지키면 됩니다. 그래서 규제가 행정 편의주의 발상이라고 하는 것입니다.

해법은 하나입니다. 국가의 미래의 성장 동력의 확보와 변화된 시대를 반영하여 단기적인 안목을 버리고 장기적인 안목으로 봐야 합니다. 과거 팔당은 서울의 외곽 중에서 외곽으로 사람이 많이 살지 않는 지역이었습니다. 그러나, 지금은 하남이 인구 30만 명의 도시로 확장됐고, 광주 역시 나날이 발전하고 있습니다. 더구나 경기 동부권인 광주, 이천, 용인에 국가의 미래를 책임진 대규모 반도체 공장과 새로운 반도체 클러스터가 건설 중입니다.

과거의 틀에 얽매여 팔당상수원 보호에 매몰되어서는 안 됩니다. 과감하게 취수원 이전이 필요합니다.

취수원 이전을 논하기 이전에 간략하게 설명하고자 합니다. 경기도는 국가로부터 팔당호 물 관리 사무를 위임받았고, 그 책무에 따라 보다 안정적인 취수, 보호된 환경을 찾기 위해 2011년 상수원 취수장을 팔당댐으로부터 28km 떨어진 청평댐으로 이전을 생각하였고, 2019년에는 상수원 취수장을 45km 떨어진 소양강댐으로 이전하는 문제를 검토한 적이 있습니다. 이런 움직임은 경기도 행정뿐만 아니라 기고문 등으로 언론에 이전의 필요성을 알린 사람들도 많습니다. 즉, 저의 개인적인 생각이 아니라 이미 오래전부터 검토되고 논의되었던 문제라는 점을 밝힙니다.

최선의 해법은 팔당 상수원 취수장을 남한강 상류와 북한강 상류로 이전하는 것입니다.

첫 번째 이유는 반도체 공장을 위한 공업용수 문제입니다. 용인에 건설되는 반도체 클러스터는 국가의 미래가 걸린 사업입니다. 그런데, 문제는 반도체의 특성상 방대한 규모의 공업용수가 필요한데, 용인 근처에는 이 정도의 물을 감당할 곳이 없다는 것입니다.[17] 그래서 정부가 생각한 것은 강원도 화천댐에서 물을 끌어오는 것입니다. 이것도 규제를 풀어야 가능합니다. 공업용수 댐이 아닌 발전용 댐인 화천댐은 공업용수 사용에 규제받습니다. 이것을 정부가 공업용수로 사용할 수 있도록 부처 간 협의를 거쳐 규제를 풀었습니다.[18] 팔당에 물이 없어서가 아니라 팔당의 물은 식수원으로 먼저 남겨놔야 하므로 용수가 부족한 것입니다. 정부는 화천댐에서 용인 반도체 클러스터까지 용수공급 라인을 구축하기로 하고 1조 7천억 원을 투입하기로 했습니다. 이 비용이면 취수원 이전 비용과 맞먹습니다. 장기적으로 보면 취수원 이전이 훨씬 이익입니다. 왜냐하면, 앞으로 용인 반도체 클러스터뿐만 아니라 다른 대규모 공장들이 들어설 때도 똑같은 문제가 발생할 것이고 그렇다면 팔당댐을 공업용수로 사용하면 부대 비용을 훨씬 적기 때문입니다.

이미 팔당호를 중심으로 동부와 남부지역을 중심으로 산업단지의 공업용수 공급 문제가 화두로 떠 올랐습니다. 공업용수가 부족하면 반도체 업체는 해외로 나갈 수밖에 없습니다. 반면 공업용수가 해결되면 해외 반도체 기업이 찾아와 일자리를 창출합니다. 팔당댐 상수원 취수원을 상부로 이전하여 팔당호 물을 공업용수로 사용하면 문제가 해결됩니다. 반도체는 물이 생명입니다. 남한강에서 북한강에서 내려오는 물은 풍부합니다. 공장과의 거리도 가깝습니다. 게다가 하류 지역보다 상류 지역의 물이 식수에 적합하다는 것은 삼척동자도 알고 있습니다.

두 번째는 환경 오염, 식수 오염의 문제입니다. 2000년 초반부터 팔당댐 취수원을 강원도 소양강댐으로 옮기려는 수도권 여론이 있었습니다. 2015년 중반에 팔당호에 '녹조라떼' 현상이 발생하면서, 팔당호 수질 오염이 심각하다는 인식이 퍼져 수돗물에 대한 불신으로까지 번졌습니다.[19] 이제는 기후 변화로 인해 팔당호에 녹조 현상이 빈번하게 발생할 가능성이 큽니다. 게다가 하남은 현재 인구가 폭증하고 있습니다. 신도시가 들어서면서 인구가 몰리는 것입니다. 하남시 인구는 5만 명 수준에서 이제 30만 명이 넘었습니다. 경기도 광주시도 마찬가지입니다. 계속 인구가 늘어나고 있습니다. 과거 팔당호 주변은 인구가 적은 지역으로 오염원이 적었으나 이제는 인구 밀집 지역으로 오염원이 너무나 많습니다. 과거와 같이 수질 관리가 불가능합니다. 인구 밀집도가 낮고, 자연보존 상태가 양호한 산간 지역으로 이전해야 할 이유입니다.

이런 두 가지의 결정적 이유로 팔당호 취수원의 상류 이전이 필요합니다. 팔당호 취수원을 이전하여 팔당호 물은 공업용수로 활용하여 산업용수가 부족한 경기도권 반도체 클러스터와 용인 반도체 클러스터에 공급하고, 동부권 지역을 수정법 개정을 통해 '성장촉진권역'으로 분류하여 첨단산업단지와 주거단지를 병행하여 건설한다면 대한민국의 미래 성장 동력을 창출할 수 있을 것입니다. 팔당호 주변은 미사 조정경기장과 연계하여 친환경 수변 관광 단지로 조성하여 세계적인 관광 명소화를 한다면, 서비스 일자리 창출과 지역경제 활성화에도 이바지할 것입니다.

4장
천사백만의 도시를 여행하는
히치하이커를 위한 안내서

"경기도는 천년의 역사를 가진 도시입니다. 벽란도를 통해 아라비아 상인들이 오갔고, 임진강을 통해 남북의 물산(物産)이 오갔습니다. 맛 좋은 경기미는 1등 진상품이었습니다. 근대에 들어서는 1호선 국도를 따라 산업화 시대 가공무역의 근거지, 반월공단으로 대표되는 국가공단의 출발지이기도 합니다. 지금은 반도체, LCD, 수소차, 배터리, ITC 등 글로벌 공급망의 중심입니다. 경기 메가시티로 경기도는 동서남북 골고루 잘 사는 곳이 될 것입니다."

[균형발전]
동서남북 고르게 발전하는 경기

이제부터 경기도의 균형발전에 관해 얘기해보자. 경기도는 부유한 경기 남부와 규제로 묶인 경기 북부로 나누어지고, 인구가 늘고 발전하는 도시와 인구가 줄고 쇠락하는 도시를 나눠지기도 한다. 또, 안보상 군사 보호구역으로 묶여 발전이 더딘 경기 북부와 수자원 보호로 발전이 아예 되지 않는 경기 동부로 나뉘기도 한다.

교통 문제와 더불어 경기도의 균형발전은 늘 과제였다. 이제 한 지역 한 지역 구체적으로 방안을 들어보자.

먼저, 가장 낙후되었다고 평가받는 경기 북부권을 살펴보자. 경기 북부는 접경지역으로 분류되는 고양, 파주, 연천, 포천을 비롯하여 오랫동안 미군기지로 인해 발전이 저해되었던 의정부, 동두천이 있다. 그리고 최근 신도시 건설로 인구가 폭증하지만 상대적으로 정주 환경이 열악한 양주 등이 있다.

경기 북부권 전체를 놓고 발전시킬 비전은 무엇인가?

몇 번을 강조해도 지나침이 없을 정도로 경기도 발전의 핵심은 족쇄인 '수정법'의 개정입니다. 많은 분은 17년간[1] 수많은 논의를 거쳐 2023년 드디어 국회를 통과한 「평화경제특별구역의 지정 및 운영에 관한 법률(이하 평화경제특구법)」이 있으니 경기 북부의 발전이 가능한 것 아니냐고 하십니다. '평화경제특구'는 시·도지사의 요청에 따라 통일부·국토교통부장관이 공동으로 지정하게 되어 있습니다. 특구는 조세·부담금 감면 및 자금 지원 등 혜택이 주어지는 산업단지나 관광특구를 조성할 수 있습니다. 특구로 지정되면 그 사업자는 지방 정부로부터 토지 수용 및 사용, 도로·상하수 시설 등의 기반 시설 설치 지원, 각종 지방세 및 부담금 감면 혜택을 얻을 수 있습니다. 입주기업 역시 지방세 및 임대료 감면, 운영 자금 지원 등을 받을 수 있습니다. 군사 보호 규제 등으로 엄격하게 제한됐던 접경지역 개발이 가능해진다는 점에서 매우 유익한 법률입니다.

그러나 평화경제특구는 경기 북부의 많은 지역을 포괄할 수 없습니다. 지방정부는 특정 지역을 지정하여야 합니다. 나아가 이 법률은 강원도 역시 그 대상 범위에 해당하여 강원도와 경쟁해야 하는 과제를 안고 있습니다. 경기도와 강원도 모두 특구를 지정한다면 정부가 이를 전부 지원해 주기는 어렵기 때문입니다. 또한, 동일한 콘셉트의 산단에 대해 민간기업과 자본의 투자가 얼마나 활발할지도 가늠하기 어렵습니다. 따라서, 평화경제특구의 성공을 위한 노력은 노력대로 진행하더라도 별도로 수정법 개정을 통해 경기 북부지역 발전의 물꼬를 터야 합니다.

평화경제특구 지정과 GTX 3개 노선 및 수도권 제 2 순환 고속도로 개통은 중복규제로 개발 제한에 묶여 있었던 경기 북부지역이 성장할 수 있는 최소한의 동력이 될 것입니다.

여기에 '성장촉진권역'까지 신설되어 경기 북부 일대가 지정된다면 경기 북부 발전의 쾌속 열차에 올라타게 될 것입니다.

수정법 개정을 통해 새로 지정되는 성장촉진권역은 파주·양주·동두천·포천·연천·의정부·고양 등 7개 지역을 생각하고 있습니다. 그렇게 되면 이 7개 지역은 지금까지 받아 오던 각종 규제에서 해방되어서 핵심 전략산업을 유치할 수 있으며, 양질의 일자리는 사람을 모으고, 지역을 활성화할 것입니다. 또한, 이들 지역에 만약 평화경제특구가 지정된다면 각종 세금 감면과 자금 지원을 받아 더욱 발전이 가능할 것입니다

다음 과제는 지역 불균형 해소입니다. 경기 북부는 규제 탓에 지역 간 불균형이 심합니다. 당연한 것이 성장을 억눌러왔으니 그렇지 않은 지역과 차이가 날 수밖에 없는 것입니다. 이를 극복하기 위해서는 '단번 도약' 전략이 필요합니다. 지방정부의 과감한 투자를 통해 4차 산업 혁명 기반 핵심 전략산업을 유치하는 것입니다. 경기 북부는 역사성과 지역의 특성을 고려하여 △ 바이오메디컬 클러스터 조성 △ 민간 중심 개방형 메디컬 클러스터 조성 △ AI기반 빅데이터센터 구축 △ 자율주행 모빌리티 클러스터 조성 △ 비무장지대(DMZ) 기반

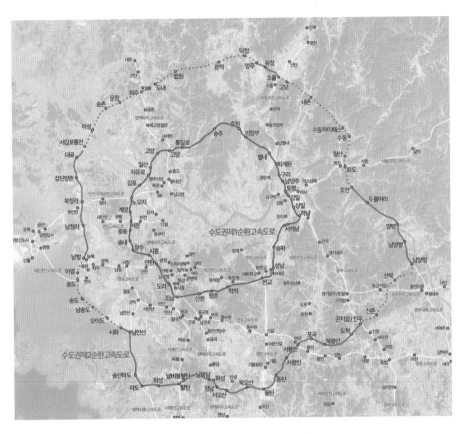

수도권 제2순환선은 화성 봉담을 출발점으로 하여 순환하는 제400호 도로이다.
최종 완공은 2029년 설계가 들어가는 시화IC~인천 남항교차로 구간 개통 시점으로 보고 있다.
출처: 위키백과

평화관광특구 조성 △ 양주, 의정부, 동두천, 포천 테크노밸리 조성

△ 테크노밸리와 연계된 스타트업 생태계 구축 △ 방송 콘텐츠 클러

스터 조성 △ 정보통신산업(ICT) △ 고객 중심 MICE(회의·관광·컨벤

션·전시)산업 확대 등이 제시되었습니다. 문제는 이것이 성공하기 위한 조건입니다.

가장 중요한 것은 지방정부가 발 벗고 나서는 것입니다. 그리고, 경기 남부권이 반도체 클러스터로 얻고 있는 이익을 경기 북부와 공유하는 것입니다. 이미 경기도에서는 새로운 첨단산업단지 개발 수익을 노후한 산업단지 전환 비용으로 사용한 모범적인 사례가 있습니다. 경기 북부 내의 불균형을 해소하기 위해서, 경기도 남북의 불균형한 자원을 효과적으로 재배분한다면 경기도 균형발전은 물론 경기 북부의 도약에 큰 도움이 될 것입니다.

그런 의미에서 경기도 미래 발전의 도약 성장 동력 확보는 서울의 들러리로 전락시킨 수도권 규제 혁파에서 출발해야 합니다.

이제 경기 서부권으로 가보자. 경기 서부권이라 함은 모두 서해안을 끼고 있는 서해안 관광벨트에 속한 김포, 시흥, 안산, 화성, 평택지역을 의미한다. 김포시는 새로운 신도시 여파로 인구가 늘고 있고, 안산과 시흥은 전통적인 산업단지가 있는 공업도시이다. 평택은 반도체 단지로 첨단 산업 메카다. 화성 북부는 수상 레저의 새로운 요람으로 부상하고 있다.

이 지역에는 어떤 발전 청사진을 그릴 수 있는가?

서해안을 접하고 있는 경기 서부는 국도 39호선을 중심으로 하는 제

조업 벨트입니다. 전통적인 제조업을 기반으로 수출 대한민국을 견인해왔습니다. 그러나, 우리나라가 점차 전통 제조업 영역을 중국에 넘겨주고 첨단 산업으로 전환되면서 어려움을 겪고 있는 지역이기도 합니다. 김포·시흥·안산·화성·평택 등 경기 서부지역도 「수정법」의 부작용으로 인해 발전이 저해되어, 값싼 노동력을 찾아 해외로 떠나거나 지방으로 이전하고 있습니다. 이는 일자리 창출과 지역경제 활성화라는 지방정부의 기본적인 책무를 못 하게 가로막는 행위입니다. 이 지역은 「수정법」 상 '과밀억제권역'으로 묶여 있습니다. 과밀억제권역은 수도권 총량(수도권 공장총량제) 규제를 받고 있습니다. 전통 제조업의 산업 전환을 가로막는 규제이자, 우수한 기술을 가진 외국 기업이 경기 서부권의 입지를 보고 들어온다고 하더라도 지켜내지 못할 상황입니다.

'39호 제조업 벨트'는 전통 제조업에서 벗어나 친환경 첨단산업으로, 저기술 사업에서 고기술 사업으로, 첨단산업의 소·부·장 배후 단지로 거듭나야 합니다. 기존의 반월, 시화 등 국가산단을 시작으로 하여 일반산단까지 RE100이 적용되고, 첨단산업이 활성화되는 '스마트 산단'으로 재구성되어야 합니다. 한편, 코로나 팬데믹과 일본의 화이트 리스트 사태, 요소수 사태 등을 겪으면서 우리는 글로벌 공급망에 전적으로 의존하는 '비교우위론'의 시대는 지나갔다는 것을 깨달았습니다. 글로벌 공급망과 밀접히 연결하되, 필수 물품 및 필수 소·부·장에 대해서는 국내 생산, 공급망을 유지해야 한다는 것입니다. 이를 가리켜 '뿌리산업 보호'라고 합니다. 경기 서부 '국도 39호선 제조업 벨트'야 말로 뿌리산업을 지키고, 발전시킬 최적화된 공간입니다.

규제를 풀어 친환경적인 첨단산업단지와 300인 이상 대규모 연구 시설을 건설하고, 원스톱 산업 전환을 통한 에너지 전환 지원센터를 구축하여 전통 제조업 공장들이 첨단 제조업 공장으로 탈바꿈될 수 있도록 하고, 전통적인 뿌리산업을 체계적으로 지원하여 글로벌 공급망 전쟁에서 이길 수 있도록 해야 합니다. 그래야 중견 우수 해외 기업 유치와 외국 자본 투자도 유도할 수 있습니다.

경기 서부지역의 핵심 전략산업은 △ 반월·시화 스마트 산단 구축 △ 김포 테크노밸리 조성 △ 도시형 첨단산업단지 조성 △ 한강 시네폴리스 일반산업단지 조성 △ RE100 기반 시설 조성 △ 수소 생태계 구축 △ K-바이오밸리 구축 △ 서해안 관광벨트 조성 △ 평택 반도체 캠퍼스 확대 △ 삼성전자 기흥·화성 캠퍼스 반도체 연구단지 조성 △ 전기·전자·자동차 부품 단지 고도화 지원 △ 현대-기아차 남양 연구소 지원 및 스타트 업 단지 조성 △ 뿌리산업 전문 연구 시설 조성 △ 뿌리산업 육성 등입니다. 아울러 '39호선 제조업 벨트'와 서해안 관광벨트를 연계하여 경기 서부권의 삶의 질을 획기적으로 높일 수 있습니다.

기존 전통 제조업 산단의 스마트 산단화는 경기 서부의 미래를 위해
반드시 이뤄내야 할 숙명적 과제이다.

출처: 반월-시화 창업허브

경기 남부권은 화성 남부·평택·수원·오산·부천·광명·안양·군
포·의왕·안성 등이다. 이 지역은 반도체 및 전자산업으로 글로벌 경
쟁력을 갖춘 한국판 실리콘 밸리라고 해도 과언이 아니다. 하지만, 비반
도체 산업의 발전 잠재력을 어떻게 키울 것인가도 중요하다.

왜냐하면, 이 지역은 1번 국도를 주변으로 국가 핵심 산업들이 즐비하
게 존재하기 때문이다. 광명 소하리 기아차 공장, 화성 남양 현대차 공장
및 연구소, 화성 우정의 기아차 공장, 평택 KG모빌리티 공장 등 한국 자
동차 수출의 핵심지역이고, 의왕의 현대로템은 국내 최초로 수소리포머
시설을 구축한 한국 수소 산업의 출발점이다. 이처럼 반도체 산업을 제

외한 이 지역의 발전 계획은 무엇인가?

앞에서 경기 칩 밸리(GCV) 구축을 말하면서 한국 반도체 산업의 미래와 경기도에서 지역별 반도체 밸리 구축 비전을 이야기했습니다. 여기서는 그 부분을 제외하고 이른바 '비반도체 산업'의 발전 잠재력을 어떻게 키울 것인가에 대한 저의 정책 대안을 말씀드리겠습니다. 남부권 지역들도 수정법에 따라 '과밀억제권역'과 '성장관리권역'으로 나눠 규제받고 있습니다. '성장관리권역'에 비해 더 심한 규제를 받는 '과밀억제권역'은 과거 제조업을 중심으로 대한민국 수출을 주도했던 곳입니다. 경기 서부권과 마찬가지로 과중한 규제로 인하여 전통 제조업은 해외로 또는 지방으로 이전을 하는 상태입니다. '과밀억제권역' 규제를 완화하여 산업 전환을 원활히 이룰 수 있도록 지원해야 합니다. 경기 서부권과 마찬가지로 저기술 산업은 고기술 산업으로, 굴뚝산업은 첨단산업으로 전환할 수 있도록 지원하고, 뿌리산업은 지속해서 발전할 수 있도록 지원해야 합니다. 특히, 자동차 부품 단지는 2035년 내연기관차 생산 종료에 발맞춰 친환경 모빌리티 부품으로 전환할 수 있는 기술적 재정적 지원체계를 신속히 갖춰야 할 것입니다. 저는 국도 1호선 라인의 전통적 제조업 산업을 대신할 산업으로 '경기 모빌리티 클러스터(GMC)'와 '수소 생태계' 구축을 제안합니다.

'경기 모빌리티 클러스터'는 데이터 기반의 교통, 친환경 차량, 배터

도심 항공 모빌리티 사업은 새로운 비전을 줄 것이다.

출처: 현대자동차 홈페이지

리 산업, 자율 주행, 도로 통신 등을 종합한 산업단지입니다. 여기에 도심항공교통(UAM) 관련 기업도 함께 유치해야 하면 좋겠습니다.

'경기 모빌리티 클러스터(GMC)'는 경기 남부권의 반도체 캠퍼스, 완성차 단지와 연계하여 4차 산업혁명 기반 첨단 스마트 플랫폼으로 거듭날 것입니다. 경기 모빌리터 클러스터는 배터리 산업과 결합하여 전기차를 만들어 내는 배터리 공장-완성차 공장-부품 공장을 연계한 전기차 생태계의 핵심이 될 것입니다.

이와 동시에 수소 생산·공급과 결합한 수소차 개발 기지를 만들어 수소 생태계의 시작 부분인 수소차 개발을 위한 연구·개발 허브로 만들어야 합니다.

다음으로 '수소 생태계'를 구축하는 것입니다.[2] '수소 생태계' 구축이란 수소에너지가 우리 삶 속에 온전히 녹아들기 위한 모든 과정이 하나의 생태계처럼 연결된 구조를 말합니다. 생산-유통(운송·공급)-소비 그리고 수소 사용에 대한 인식 변화를 포함합니다. 수소에너지야말로 탄소배출 제로로 가는 데 필요한 것이라는 인식이 확고히 자리 잡도록 경기도부터 앞장서야 합니다. 경기도의 경우 수소차에 대해서 더 집중적으로 지원하고, 수소 충전 기반 시설 확충에 관심을 가져야 합니다. 그리고, GH가 짓는 공공주택에는 수소 에너지원을 사용할 수 있게 만들어야 합니다.

현대로템은 지난해 의왕연구소 부지에 '수소리포머' 제작 공장을 건설하였습니다. 수소리포머는 천연가스에서 고순도의 수소를 추출 해내는 장치입니다. 이 공장은 현재 연 20대의 수소리포머 제작 능력을 갖추고 있고 이는 연 4,700톤의 수소를 뽑아낼 수 있는 양으로 수소전기차 넥쏘 74만 대의 연료를 가득 채울 수 있는 규모입니다. 특히 경기도 권역에서 생산된 수소가 전국으로 이동하기 위해서는 저장 수단과 운송 수단 그리고 수소 운송 네트워크 등이 구축되어야 합니다.

경기 남부지역의 핵심 전략산업은 △ 박달스마트밸리 조성 △ 그

린모빌리티특구 조성 △ 당정금정공단 스마트시티 조성 △ 글로벌 전기차집적단지 조성 △ 광역복합환승센터 설치 △ 평택항탄소중립 수소복합지구 조성 △ 그린스마트모빌리티 구축 △ 호수친화관광도시 조성 △ R&D사이언스파크 조성 △ 첨단모빌리티 구축 등입니다. 경기 남부권과 국철 1호선 라인을 '경기 모빌리티 클러스터'와 '수소 생태계'로 구축하여 양질의 일자리를 창출할 수 있습니다.

경기 동부권은 용인 · 남양주 · 하남 · 가평 · 양평 · 광주 · 여주 · 이천 · 구리이다. 이 지역의 최대 현안 두 가지는 이미 짚었다. 그 외에 경기 동부권의 발전 계획은 무엇인가?

━━━━━

동부권이 가지고 있는 친환경 지형에 맞게 한강과 북한강의 아름다운 자연환경과 조화시킬 맞춤형 관광 네트워크 구축이 시급합니다. 남이섬, 자라섬, 강천섬, 조선백자, 이포나루터, 세종대왕릉, 수상 스포츠, 수변 생태 관광, 역사 유적을 잇는 문화관광 등을 포괄하는 동부권 관광특구 지정 등으로 지역 경제에 활력을 불어넣을 수 있습니다.

경기 동부지역의 핵심 전략산업은 △ 공공의료원 설치 △ 첨단반도체 클러스터 조성 △ AI플랫폼시티 조성 △ 데이터산업클러스터 추진 △ 토종자원산업 육성 △ 국제한류문화센터 설치 △ 탄소중립 생태교육원 설치 △ 종합복지시설 건립 △ 국도42·45호선대체우회 도로 신설 등입니다.

우리가 빼놓을 수 없는 게 지역 특색에 맞는 친환경 농업이 특화되어 있습니다. 토종 종자 생산과 재산권 보호, 토종 종자 DB화를 위한 종자클러스터센터 구축이 필요합니다. 토종 종자는 식량 안보의 핵심이기 때문입니다. 종자는 보존, 개발 모두 중요하지만 간과해서는 안 될 것이 바로 종자의 지식재산권 보호입니다.

우리가 즐겨 먹는 샤인 머스캣이 있습니다. 일본에서 1988년 샤인 머스캣을 개발하고 2006년 품종 등록 이후 재산권 보호를 하지 않았고, 한국은 2006년 일본에서 샤인 머스캣 품종을 들여와 재배에 성공한 뒤 2016년 품종 보호권 등록하고, 국내 판매는 물론 수출까지 하고 있습니다. 이에 일본은 한국이 샤인 머스캣을 훔쳐가 돈을 벌고 있다고 트집을 잡았습니다. 그런데, 품종 등록 후 6년이 지날 때까지 재산권을 등록하지 않으면 지식재산권 보호를 받을 수 없다는 사실을 알게 되었습니다. 결과적으로 우리나라 농가들은 별도의 사용료를 지급하지 않고도 샤인 머스캣을 생산할 수 있게 되었습니다. 그러나 반대의 경우도 생각해야 합니다. 그래서, 지식재산권 보호가 중요하다는 것입니다. 한국의 토종 종자가 해외기업에 팔리고 있습니다. 종자만 팔리는 것이 아니라 종자의 지식재산권도 함께 팔리는 것입니다. 우리도 종묘법을 개정하여 식물 재산권 보호 규정을 추가해야 합니다.

그래야 종자의 해외 반출이 통제될 수 있습니다. 종자가 해외로 반출되더라도 그 종자의 재산권을 갖고 있다면, 종자한테서 나오는 이익을 가져올 수 있습니다. 양평, 가평 등 종자 보호에 앞장서고 있는 농민들을 위해서라도 하루빨리 토종 종자 보호를 위해 '종묘법' 개정을 추진해야 합니다.

[해양 문화]
경기 해양 문화의 복원:
경기 해양관광 벨트 구축

서해 해양레저 문화 진흥이 절박하게 제기되고 있다. 전곡 요트항은 수도권 최대 요트항으로 주목받고 있으며, 갈수록 수요가 늘어날 전망이다. 경기 서부권에 해양레저 문화 중심지를 만드는 그것에 관한 생각은 어떤가?

―――

경기도는 경기만을 중심으로 해상 무역과 어업이 어우러진 경기도의 해양 문화와 연안 문화를 가지고 있는 곳입니다. 경기도의 해양 문화와 연안 문화적 자연적 여건은 남해의 다도해나 강원도 동해안과 비교해도 손색이 없습니다. 경기도 화성, 평택, 안산, 시흥, 김포 등 서해안을 중심으로 해안선을 따라 펼쳐져 있는 아름다운 풍경 등을 담아서 경기도민이 즐겨 찾을 수 있는 서해안 해양레저와 관광을 결합하여 '해양문화단지'로 조성하여 지역경제 활성화의 지름길이

화성시 해안가 철조망 제거

출처: 화성신문, 2022년 11월 11일

라고 생각합니다.

사실 경기도 서해안을 따라서는 지역 주민의 삶을 옥죄어 온 군사 시설과 갯벌을 파괴하는 혐오시설이 즐비하게 펼쳐져 있었습니다. 그러다 보니 지역도 낙후되고, 발전도 없었습니다. 이제 군사 시설과 혐오시설을 걷어내고 그 자리에 서해안 해양레저와 관광지를 조성한다면 지역경제 활성화와 기후 위기 극복이라는 두 마리 토끼를 다 잡을 수 있을 것입니다.

'구슬이 서 말이라도 꿰어야 보배'라는 말이 있듯이 경기 서부권을 해양레저 문화 중심지로 만들기 위해서는 두 가지가 필요하다고 생각합니다. 먼저, 전곡 요트항을 중심으로 해양레저스포츠 메카로 육성하는 것입니다. 이는 세심한 입법 지원과 정책 지원이 함께 가야 가능한 일입니다. 다음으로는 서해안 1,000만 관광 시대를 여는 것입니다. 출발점은 제부도, 송교리, 궁평항, 평택항을 잇는 서해안 관광의 삼각 벨트 구축입니다.

첫째, 전곡항과 궁평항을 국내 최대 요트항으로 만들어 서해안 해양레저의 성지로 조성하는 것입니다. 흔히 국민소득이 향상되면 누리는 레저도 달라진다고 합니다. 국민소득 3만 달러가 넘어가면 요트, 경비행기 등의 수요가 늘기 시작합니다. 이런 시대 흐름에 적극적으로 맞춰 전곡항과 궁평항을 요트항으로 본격 개발하여 경기도민 누구나 자유롭게 요트 문화를 누릴 수 있게 한다면 큰 경제적 효과를 얻을 것입니다.

전곡항과 궁평항의 바다는 서해 낙조의 성지입니다. 낙조와 해송의 향기까지 어우러져 자연 친화적 요트항으로 거듭난다면 세계적 명성도 얻을 수 있을 것입니다. 전곡항 '화성 뱃놀이 축제'는 이미 경기도민이 가장 가보고 싶은 축제로 자리 잡았습니다. 동시에 '화성 국제 요트 대회'도 중앙정부 차원에서 적극 지원한다면 서해안 해상 레저가 더욱 활성화될 것입니다.

둘째, 서해안 관광입니다. 경기만과 남양만을 잇는 서해안 벨트는 풍부한 갯벌 자원으로 생태 보존의 가치가 높아서 기후 위기 대응에 매주 중요한 위치를 차지하고 있습니다. 따라서, '생태-문화-관광'이라는 세 가지 키워드를 중심으로 생태를 보존하면서 문화와 관광이 어우러진 특색 있는 발전을 도모할 수 있습니다.

그 출발점은 '경기만 해양 공원 조성을 위한 특별법' 제정이 될 것입니다. 특별법을 주장하는 이유는 '특별한 희생에는 특별한 보상'이 있어야 한다는 너무나 보편타당한 이유 때문입니다. 경기만과 남양만을 잇는 서해안 지역은 지금까지 온갖 군사 시설과 혐오시설로 재산권 행사가 제약됐으며 낙후된 지역으로 남았습니다. 따라서, 특별법을 통해 군사 시설의 철거에 대한 국가의 책임, 군사 시설로 인해입은 피해에 대한 국가적 보상, 서해안 갯벌 생태의 중요성을 인식하고 그 보존에 대한 책무, 관광 활성화를 위해 중앙정부의 책무를 담아야 할 것입니다. 특별법에는 화성시 장외리(제부도 입구)에 남은 유일한 상부갯벌인 '안고렴'의 보호는 같은 생태 보존을 위해 꼭 필요한 사항을 포함해서 무분별한 개발을 미리 방지해야 합니다.

경기도 서해안의 관광 활성화를 위해서 다음으로 해양관광 기반 시설 구축이 선행되어야 합니다. 서해안 낙조를 볼 수 없게 만들었던 해안선의 흉측한 철조망은 현재 많이 철거된 상태입니다. 남아 있는 곳도 마저 철거하여 해안 접근권을 보장하고, 해안선을 따라 바람과 바다와 풍경을 보면서 힐링할 수 있도록 개방되어야 합니다. 또, 해상케이블카가 있는 제부도 지역을 중심으로 아름다운 경관과 어울리는 세계적인 공공예술 조형물 관광지를 만들면 좋겠습니다. 이미 이 지역에는 많은 조형물이 관광객을 맞고 있습니다. 동시에 송교항, 백미항 등 작은 항구에도 출렁다리 및 해상보도교 설치로 바다 위를 걷는 특색 있는 명물 설치로, 서해 해양 공원 과정에서 소외되지 않도록 해야 합니다.

서해안 관광 해양 레저의 메카 요트

출처: 화성시 홈페이지

　서해안 관광을 활성화하기 위해서는 김포–시흥–안산–화성–평택
으로 이어지는 관광벨트를 만들어야 하고, 이것은 한국관광공사 등
과 적극 협력하여 추진해가야 합니다. 한국관광공사 등은 경기도 서
해안의 아름다운 자연경관과 어우러진 갯벌, 낙조, 해송, 요트, 전통
사찰, 한강 하구 등의 가치를 알아보고, 생태문화 관광지로 조성하기
위한 노력을 해오고 있습니다. 한국관광공사가 개통한 서해랑 길 화
성·안산 88코스, 강화 103코스와 연계해서 추진해간다면 서해안 관
광 시대는 더욱 시너지 효과가 생길 것입니다.

　**개발도 중요하지만 규제 해제도 중요하다. 특히, 서해안과 한강 하구 지
역은 안보를 이유로 너무 많은 희생을 강요해왔다. 이미 전자 레이더가
촘촘하게 구축되어 있고, CCTV, 열 추적, 적외선 감지센서 등 첨단 장비**

들이 개발되어 있어 철조망으로 막는 방식은 효율성이나 필요성에서 떨어지고 있다. 이에 관한 생각은 어떠한가?

———

한강 하구를 끼고 있는 김포시민과 고양시민에게 불편을 끼쳐오고, 개발을 막아왔던 철조망 철거 작업이 또다시 지지부진해지고 있습니다. 문재인 정부 시절 국가 차원에서 적극적으로 추진되던 사업이 윤석열 정부 이후 경색되는 남북 관계를 핑계로 다시 원점으로 돌아가고 있습니다. 철조망 제거 사업은 국가 차원에서 추진되어야 합니다. 군이 설치하고 철거는 지방정부가 추진하는 것은 문제가 있습니다.

최근에 김포시, 고양시의 철조망 제거 현황을 보고 왔습니다. 철거하기로 해놓고 철거 작업이 중단이 멈췄는데 경계가 더 강화되는 모양새였습니다. 이것은 주민의 요구와 바램에 역행하는 것이고 군 편의주의입니다. 휴전선도 무인 감시 카메라로 감시하는 마당에 후방에 철조망이 무슨 명분이 있겠습니까?

대안이 없는 것도 아니고, 방법이 없는 것도 아닙니다. 국가가 조금만 신경 쓰면 고양시, 김포시 등 철조망으로 인해 고통 받는 주민의 불편을 해소할 수 있는 일입니다. 화성시는 총연장 33.73km 서해안 철조망 철거를 완료하였습니다. 화성시의 해안가 철조망 제거는 서해안 관광 기반 조성 및 해안 주민 숙원 해소를 목적으로 시행된 것입니다. 의지만 있으면 가능한 일입니다. '오랜 특별한 희생에는 빠른 특별한 보상'이 필요합니다.

3

[신도시]
직주근접의 꿈의 도시 구현

인구가 폭증하고 있는 경기 동부권이 '베드타운'으로 전락하지 않으려면, 직주근접이 실현되어야 한다. 무엇보다 좋은 직장이 있어야 한다. 광주, 여주 등 경기 동부권에는 대규모 산업단지가 없는데, 그 첫째 이유가 바로 수정법상 자연보전권역과 팔당특별관리권역으로 묶여 있기 때문이다. 이것을 해결할 복안이 있는가?

———

맞습니다. 경기도의 발전 역사를 돌아보면, 선-점-권 방식으로 발전했다는 것을 알 수 있습니다. 전통적으로 경부선을 중심으로 도시들이 발전하다가 안산, 사회 공단이 개발되고 이어 1기 신도시가 들어서면 주요 점으로 확대되고, 경기 남부권, 경기 남서부권, 경기 남동부권, 그리고 경기 서북권 등 권을 중심으로 발전했습니다. 이제 그 개발의 방향이 경기 동부권으로 확장되고 있습니다. 경기 동부권은 하남·남양주·양평 부분과 광주·여주·이천 부분으로 나눠 생각해 볼 수 있습니다.

먼저 하남, 남양주, 양평 지역을 보면, 하남의 미사강변, 위례, 감일지구, 교산 신도시 등이 연이어 건설되고, 남양주도 별내·왕숙 등 대규모 신도시가 들어서면서 인구가 폭발적으로 증가하고 있습니다. 양평은 최근 서울-양평 고속도로 이슈에서 확인되었듯이 전원생활을 꿈꾸며 많은 수도권 주민이 이주하고 있습니다. 하남, 남양주, 양평 지역은 젊은층 유입이 많아 도시 평균 연령을 40대 초반으로 낮출 정도로 젊은이의 도시로 거듭나고 있습니다. 경제활동이 가장 활발한 나이대가 주류이다 보니 당연히 주민들의 요구는 '직주근접'입니다. 직주근접은 요즘에 나온 개념이 아닙니다. 1980년대 구로 등 서울시의 생산시설을 인구 확대 등을 고려해 안산, 시흥으로 이전하여 대규모 국가 산업단지를 개발하면서 배후 도시로 안산시와 시흥시에 대규모 택지를 조성하여 아파트를 지어 공단 노동자들이 살 수 있게 하였습니다. 이것이 지금의 직주근접과 유사한 개념입니다.

먼저 우선 추진되어야 할 것은 이미 언급한 「수정법」 개정을 통해 '성장촉진권역' 신설하여, 기존의 산업단지 허용 면적을 6만m^2에서 50만m^2 이상으로 확대하여 첨단 산업 생태계가 구축될 수 있도록 하는 것입니다. 규제로 묶여 있다 보니 첨단 산업보다는 이른바 '판잣집'으로 불리는 무허가 소규모 공장이 난립하는 실정입니다. 규제가 오히려 자연환경을 훼손하고, 산업 환경을 갉아 먹고 있습니다. 과감하게 규제를 풀어 젊은이들이 선호하고 일자리를 창출하는 지식산업단지, 4차 산업혁명에 특화된 산업단지가 들어설 수 있게 해야 합니다.

다음으로 수도권 상수원 취수장을 북한강 상류와 남한강 상류로 각각 이전하여 수정법도 모자라 팔당특별관리라는 중복규제의 고통에서 벗어나 자유로운 경제활동을 영위할 수 있게 된다면 그 가능성이 무한대로 커질 것입니다. 하남시의 경우 취약한 교통 문제 해결과 직주근접 문제를 연동하여 풀 수 있습니다. 하남에서 출발해 광주에서 용인시 원삼·남사까지 연결하는 경기 동부권과 남부권과 서해권으로 연결하는 GTX-반도체 노선을 신설하여 광주에서 경강선으로 환승하여 이천 반도체 클러스터까지 연결될 수 있도록 적극 추진해야 합니다.

국토부가 이미 '서부권 광역급행철도' 건설사업에 하남을 예비타당성에 포함하지 않고 김포에서 출발하여 부천 종합운동장을 잇는 노선만을 선정하여 이 지역 주민의 불만이 높습니다. GTX-D의 연장을 추진하면서, 경기 동부권의 직주근접을 실현할 GTX-반도체 노선을 적극 검토해야 할 것입니다. 광주, 여주, 이천은 사실 수도권으로 지칭하면서 온갖 규제를 통해서 국가로부터 통제를 받아왔습니다. 어찌 보면 수도권이란 말이 억울한 동네입니다. 이 지역은 향후 주택 공급과 첨단산업단지를 조성하는 데 최적의 조건을 갖춘 경기도의 유일하게 남은 지역입니다. 당연히 새로운 신도시를 개발할 때는 지방정부 주도로 개발되어야 하고, 그 계획에는 산업단지 등 '직주근접'의 요건을 갖추어 개발해야 합니다.

경기 동부권인 광주-이천-여주 라인으로 최소 30만(광주 14만 호, 이천 9만 호, 여주 7만 호) 이상의 주택 공급이 가능합니다. 문제는 이곳은 서울과 멀기 때문에 과거처럼 서울통근형으로 설계하면 안 된다는 것입니다. 철저히 직주근접형으로 시작해야 합니다.

2021년 광주, 이천, 여주시를 포함한 3개 시는 경강선 주변에 100만 호 규모로 주택공급을 하자는 데 의견을 모으는 실무자 회의 등을 추진한 바 있습니다. 이들은 경강선과 연결될 GTX를 중심으로 주택을 건설하여 주변의 난 개발을 방지하고 주변 도시들과 시너지 효과를 극대화하는 방향으로 도시계획을 마련하자고 결의를 모았습니다.

당시 3개 기초단체는 낙후된 동부권에 양질의 일자리와 휴식처인 주거를 동시에 추진하여 수도권 내 불균형을 해소하여 동부권의 경쟁력을 높이자고 한 바 있습니다. 이 계획은 지금도 유효하며 실제 하남, 남양주, 양평과 마찬가지로 곧 실현될 곳들입니다. 결정적으로 2025년 완공을 앞둔 용인시 처인구 남사면과 원사면의 대규모 반도체 클러스터를 고려하면 실제 직주근접이 가능하다는 것을 쉽게 확인할 수 있습니다.

한편 기후 위기 대응 차원에서 글로벌 경향이 된 RE100도 경기 동부권에는 새로운 기회가 되고 있습니다. 용인 반도체 클러스터의 핵심 축인 삼성전자와 SK하이닉스는 2050년까지 기업의 사용 전력 100%를 풍력, 수력 등 재생에너지로 충당하자는 RE100 이행 국제 협약을 체결했습니다. 삼성전자와 SK하이닉스는 2050년까지 국내 사업장 사용 전력의 100%를 재생에너지로 전환해야 합니다. 한국의 반도체 기업들이 RE100을 제대로 이행하지 않으면 반도체 제품의 수출액이 31% 감소할 것이란 분석도 나오고 있습니다.

만약 광주, 이천, 여주의 새로운 신도시들이 과거와 같이 전기 에너지를 많이 사용하거나, 외부 석탄 발전에 의존하는 구조로 만들어진다면 RE100 이행은 어려울 것입니다. 새로운 도시 자체가 신재생에너지로 운영되는 새로운 개념이 필요합니다. 그 과정에서 신재생에너지 관련 새로운 일자리도 많이 만들어지게 될 것이며, 스스로 에너지를 생산하고 순환하는 에너지 자족도시를 지향할 수 있습니다. 기존의 배후 도시로는 이런 기능을 못 만들기 때문에 광주, 이천, 여주시의 새로운 도시계획과 기후 위기 대응으로 RE100 이행을 실현할 수 있습니다.

4

[구도심 1]
전선 지중화로 파란 하늘을

경기도에는 도시계획이 잘 설계되어 좋은 정주 환경을 갖춘 신도시들이 많기로 유명하다. 하지만, 오래된 역사와 문화를 가진 도시들도 많다. 특히, 수원, 안양, 성남, 부천, 광명, 시흥, 안산, 김포, 의왕 등 대도시의 구도심은 물론이고 평택, 화성, 안성, 오산, 용인, 광주, 하남, 남양주, 구리, 의정부, 양주, 동두천, 파주 등에도 구도심이 있다. 이러한 구도심 발전에서 필요한 것이 무엇이라고 생각하며 시급히 해결해야 할 과제는 무엇이 있을까?

━━━

신도시는 최초 설계 단계부터 공동구 설치를 통한 지하 매설로 통합 관리하여 도심 미관이 쾌적하고 우수한 반면, 구도심은 가스, 상수도, 하수도 등은 개별 매립을 하고, 전기선과 통신선은 지상 노출로 이어져 도심 미관을 해치는 요인으로 작용하고 있습니다. 안 그래도 쇠락한 느낌이 나는 구도심 지역의 경우 전깃줄과 통신선까지 더욱 미관을 해치고 있습니다. 쇠락해가는 구도심 활력을 위해서는 공중에 거미줄처럼 얽힌 전선을 지하에 묻고 전봇대가 없는 지중화 사업이 최우선 과제입니다. 전깃줄이 사라진 곳에 가로수 숲길을 조성하고, 전봇대가 사라진 자리에 다양한 주제로 도보 길을 조성하여 구도심도 신도시 수준으로 끌어올려야 합니다.

전국 전선 지중화율

서울	대전	인천	세종	부산	광주	대구	경기	울산	제주	전북	경남	충남	충북	강원	전남	경북	평균
61	57.2	44.1	43.6	43.1	36.5	34.9	30.4	28	20.5	12.5	12.5	11.7	11.3	10.2	8.9	7.4	20.5

출처: 월드뉴스, '전국 전선 지중화율 20.5%', 2022년 9월 20일('21.12월 말 기준, 단위: %)

경기도의 지중화율은 30%대에 불과합니다. 서울의 61%에 비하면 1,400만의 경기도가 참 부끄러워지는 대목입니다.

경기도 구도심 지중화 사업 방식을 경기도 25%, 지자체 25%, 한국전력공사 50% 비율로 각각 분담하여 사업을 진행해야 합니다. 재정자립도가 낮은 지자체는 지중화율도 낮습니다. 거미줄 같은 전깃줄이 깨끗하게 정리된 곳은 부자들의 도시입니다.

전선 지중화 사업에 선정되어도 재정자립도가 낮은 지자체는 전선 지중화 사업을 취소하는 현상이 반복적으로 일어나고 있습니다. 재정자립도가 낮고 지방소멸 위기 지역인 연천, 포천, 가평, 여주, 양

서울의 지중화 사례, 도심 미관 개선 효과가 뚜렷하다.

출처: 서울시청

평 등은 경기도 50%, 한전 50% 비율로 지원하여 지중화에 적극적으로 나서도록 해야 합니다.

다음으로 '전기사업법' 제49조는 지중화 사업비로 전력산업기반기금을 사용할 수 있도록 규정하고 있고, 제72조에 지중화 사업의 주체는 시·군·구청장이 요청하고 그 비용을 부담하게 되어 있습니다. 경기도는 걷고 싶은 도시, 도심 미관 개선을 통해 구도심 상권 진흥 등의 다양한 목적으로 기초 지방정부가 지중화 사업에 적극 나서도록 하고 재정 부담도 적극적으로 하고 있습니다. 그러나, 이 사업에 국가의 책무가 빠져있습니다. 그래서, 전기사업법 제72조를 아래와 같이 개정하여 국가의 책무를 분명히 해야 합니다.

현행	개정안
전기사업법 제49조(기금의 사용) 기금은 다음 각 호의 사업을 위하여 사용한다.	전기사업법 제49조(기금의 사용)…………
1. ~ 10의2. (생 략)	1. ~ 10의2. (현행과 같음)
〈신 설〉	11. 제72조의2에 따른 가공전선로의 지중 이설 사업
11. (생 략)	12. (현행 제11호와 같음)
제72조의2(가공전선로의 지중이설) ① (생 략)	제72조의2(가공전선로의 지중이설) ①(현 행과 같음)
② 제1항에 따른 지중이설에 필요한 그 요청을 한 자가 부담한다. 다만, 시장· 군수·구청장이 공익적인 목적을 위하여 지중이설을 요청하는 경우 전선로를 설 치한 자는 산업통상자원부장관이 정하는 기준과 절차에 따라 그 비용의 일부를 부 담할 수 있다.	② ……………………………………… ………………………국가와 전선로…… ………………………………….
③ (생 략)	③ (현행과 같음)

출처: 저자 작성

　현재 기초 지방정부의 재정 상태로는 지중화 사업을 원활하게 할 수 없습니다. 따라서, 국가의 과감한 투자 없이는 전선 지중화에 의한 지역별 격차를 해소하기 어렵습니다. 전기사업법 개정을 통해 일차적으로 지중화에 따른 예산은 국가와 한전 (전력산업기금)이 책임지고, 나머지 비용에 대해서는 광역 정부와 기초정부가 적절히 분담하거나, 광역 정부가 부담하는 방식으로 해야만 지중화율이 30%대에 불과한 경기도 전 지역에서 지중화율을 획기적으로 높일 수 있을 것입니다.

5

[구도심 2]
경기도권 경부선과 경수대로 지하화

경기도 구도심 하면 가장 먼저 떠오르는 것이 바로 전철이 도심을 갈라 놓았다는 것이다. 1호선 경인선 구로역에서 소사역 구간이나 1호선 국철 구로역에서 안양을 거쳐 수원역까지의 구간, 그리고 경수대로가 그것이다. 도심을 반으로 나눈다는 점, 안전의 위험, 주민들의 불편 등 문제가 한두 가지가 아닌 데다가 서울 강남의 경우 전국에서 지하철 밀집도가 가장 높지만 모두 지하화되어 있다는 점에서 형평성 문제까지 있다. 어떻게 해결해야 할까?

———

경부선 철도 지하화를 가장 먼저 공론화된 곳이 안양시입니다. 2011년 안양시는 독자적으로 안양 구간(석수~관악~안양~명학역) 지하화를 추진하다가, 2012년 5월에는 경부선(서울~노량진~영등포~구로~금천~안양~당정역) 32km 구간 19개 역을 지하화하는 것으로 7개 지방정부(경기 안양·군포·서울 용산·동작·영등포·구로·금천)가 공동으로 추진하는 업무 협약식을 맺고, 경부선 철도 지하화 사업을 정부에 지속해서 건의했습니다. 그러나 특별법 제정[3]과 재원 마련 등이 해결되지 않아 10년 넘게 지역 숙원 사업으로 남겨져 있습니다. 매번 선거 때마다 단골 메뉴로 등장하더니 대선 공약으로 등장하고 있습니다.

그동안 지상으로 전철이 다니면서 소음과 분진 등의 피해를 당한 주민들의 요구를 국가는 재정 등의 이유로 외면해온 것입니다. 사실 과거와 달리 지금은 여건이 많이 달라졌습니다. 현재 지상 구간을 지중화하면서 발생하는 폐선부지(철도노선이 폐지되어 발생한 철도부지)는 상당한 가치가 있습니다. 박근혜 정부 때 청년희망주택을 역세권에 건설하기 위해 폐선부지를 활용한 적이 있습니다. 지금 부동산 가격이 상당히 상승하여 지하화하고 남은 지상 구간의 개발비는 지하화 비용을 거의 상쇄하고 남을 수준입니다.

경부선 고속도로 지하화의 경우 강남 구간이 과도한 부동산값 인상을 부추긴다는 우려가 있었습니다. 그러나, 경부선 철도 지하화는 그런 문제가 없으며 오히려 낙후된 구도심의 도시 재생의 의미가 큽니다. 이런 이유로 저는 현재 진행 상황이 어렵기는 하지만, 여기서 한발 더 나아가 경부선 철도 지하화 구간을 기존 구간에서 화성 병점역까지 추가 연장(15km, 의왕~성균관대~화서~수원~세류~병점)을 제안합니다.

이와 비슷한 사례로 2013년 12월 경인선 지하화 추진을 위한 5개

국철 1호선 서울역 ~당정역 구간 지하화

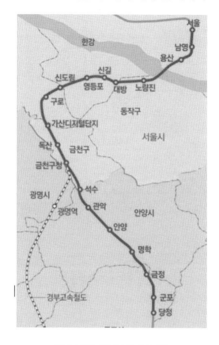

출처: 매일경제 2021. 06. 30

지자체(구로·부천·부평·남동·미추홀구) 시장들이 공동으로 지하화를 추진한다는 업무 협약식을 맺고 경인선(구로~인천) 24km 구간 21개 역을 지하화를 추진했으나 해결되지 않고 역시 숙원 사업으로 남겨져 있습니다.

경부선과 경인선을 이용하는 지상 철도는 소음, 분진으로 피해가 극심하고 도심 단절에 따른 정체 및 손실 발생이 막대합니다. 균형적인 도심 발전을 막은 핵심 장애 요인 등으로 인하여 주변이 낙후하

지하화 이후 역세권 개발 모습

출처: 유정훈 교수 발제문 인용

게 만든 주범입니다.

　지하화는 도시 기반 시설과 공간 구조를 재편하고 장애 요소를 해소하고 철길이 있던 부지를 다양하게 활용할 수 있다는 장점이 더 많습니다. 복합개발로 철도 역사를 상부에 녹지 공간과 주택을, 지하에는 복합 환승 교통망을 건설하고, 자연스럽게 역세권을 활용한다면 개발 비용만으로도 지중화 비용의 상당 부분을 채울 수 있습니다. 동시에 교통망과 가장 가까운 주거를 만들어 이를 신혼부부 특별공급, 청년주택 등으로 활용한다면 일거양득이 될 것입니다.[4] 더 나아가 '지상철도 지하화' 특별법 제정을 추진하여 복합개발을 추진하면 됩니다.

경부선 철도 지하화 외에도 경기도에는 또 다른 이슈가 있습니다. 바로 경부고속도로 지하화입니다. 경부고속도로 지하화는 기술이 발달하여 수십 킬로미터 구간을 터널화 작업을 하여도 소음과 진동으로 인하여 운전자에게 무리가 없다는 것이 증명되면서 더욱 활발하게 논의되고 있습니다. 1992년 대선에서 정주영 후보가 경부고속도로의 원활한 소통을 위해 지상 복층화를 공약하면서 논의가 시작되었습니다. 차량 정체 해소가 목적이었지 도시 환경의 측면은 고려되지 않았습니다. 이 공약은 '전용차로제'와 '하이패스' 도입, 고속도로 노면 확장 등으로 어느 정도 해소되었습니다. 그러나, 근본적으로 경부고속도로가 도심을 관통하면서 발생하는 도심 분할 문제, 소음과 미세먼지 문제 등 인간다운 삶을 살아가는 데 방해가 되는 요소들에 대한 논의가 활발하게 벌어지면서 현재는 매우 중요한 문제로 이슈화되어 있는 상태입니다.

현재 경부고속도로 지하화 논의는 크게 두 구간으로 나누어져 추진되고 있습니다. 강남 한복판을 지나는 한남IC~양재IC 구간, 양재IC~기흥IC 구간입니다. 두 구간 모두 다음과 같은 이유로 필요성이 제기되고 있습니다. △ 도시 동서 단절 해소 △ 소음 및 미세먼지 △ 도시 경쟁력 향상 등입니다. 이 두 구간 모두 △ 상부 부지 매각으로 기금을 마련 △ 첨단산업 및 주거지역 개발 △ 도시 개발을 통한 일

김병욱 의원(더불어민주당, 분당)이 제안한 지하화 계획

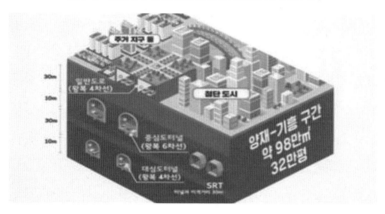

출처: 김병욱 의원실

자리 확보 등을 제시하고 있습니다.[5] 특히, 기흥부터 양재 구간의 경우 주변에 분당과 수지 등 신도시가 존재하고, 판교 테크노밸리 등이 존재해 상부 부지 98만m^2(약 32만 평)를 개발한다면 상당한 경제적 효과가 발생할 것으로 예상됩니다.

그러나 경기도의 입장에서는 경수대로, 경인대로 문제가 더 심각합니다. 이를 이용하는 교통량이 경부고속도와 비슷한 상황입니다. 경수대로는 1번 국도로써 이미 그 사용 용량을 초과했습니다. 이 구간은 경부고속도로 지하화의 논리가 그대로 적용되는 구간입니다. 상부 부지를 매각 또는 개발하여 대심도, 중심도 터널을 뚫고 교통량을 분산한다면, 통근 시간을 1시간 이상 줄일 수도 있습니다. 동서 분단으로 인한 문제나 소음과 미세먼지 저감 등 환경 문제를 생각한다면 경기도는 경수대로의 지하화도 적극 추진해야 합니다. 김병욱 국회의원이 제시한 경부고속도로 지하화를 통한 경제적 효과를 경수대로 지하화에서도 얻을 수 있습니다.

6

[생태환경]
경기도 수변천을 문화공간 및 국가정원으로

1번 국도가 지나가는 안양~수원~오산~평택은 전통적인 경기도의 중심 가도이다. 이 길을 따라 있는 안양, 수원, 오산, 평택의 구도심은 새로 생긴 신도시보다 정주 환경이 열악하다. 분당, 일산, 광교 등 대부분의 신도시는 수변공원을 조성하여 운동, 여가 활동의 중심지 역할을 하는 데 비해 구도심지는 그런 부분에서 취약하다. 이에 대한 대안은 무엇인가?

성남의 탄천과 더불어 안양천은 경기도에서 한강으로 흘러가는 지류 중에서 가장 인구 밀집도가 높은 지역에 있는 도시 수변입니다. 분당 신도시 개발로 탄천은 분당 시민의 휴식, 생태체험, 힐링의 공간으로 자리 잡았습니다. 반면 안양천은 주변에 의왕, 안양 등 인구 밀집 지역을 관통하지만, 지금까지 개발되지 못하고 있습니다. 도심에서 자연과 함께 어울리는 공간은 늘 부족합니다. 특히, 구도심의 경우 새로운 공원을 조성하기 어렵기 때문에 자연적으로 형성된 하천 공간을 적극 활용해야 합니다. 집을 나서서 가까운 곳에 산책하며 혼자 사색을 즐길 만한 장소, 자전거로 한강으로 연결돼 양평까지 달릴 수 있는 장소, 달리기를 매연 없이 할 수 있는 장소 등이 필요합니다. 특히, 그동안 국도 1호선 인근 도시들은 대규모 교통량을 소화하면서도 제대로 된 공원 공간을 갖지 못했습니다. 이제 과감한 투자를 통해 국도 1호선 도시들의 이미지를 바꿀 때가 되었습니다. 안양천을 경기도 최초 '국가정원'으로 개발해야 하는 이유입니다.

한강으로 흐르는 안양천을 힐링 장소의 명소로 조성하여 수도권 2,600만 명이 자연과 함께 공생하고 문화가 함께 숨 쉬는 최고의 정원이 되도록 할 것입니다. 안양천은 한 개의 도시를 지나는 것이 아니라 경기도권역 4개 도시(안양·의왕·군포·광명), 서울권역 4개 구(금천·양천·구로·영등포) 등 여러 지역을 지나기 때문에 지방공원이 아니라 국가정원으로 개발되어야 합니다.

국도 1호선을 중심으로 안양(안양천), 수원(황구지천), 오산(오산천), 평택(평택호)을 잇는 100km 구간을 단계적으로 개발하여 '국가정원급 지방정원'으로 만들어 한강에서 평택항까지 연결한다면, 그 길이나 생태적 가치 측면에서 자연과 생태가 공존하는 세계 최고의 도심 국가정원이 될 것입니다. 실제 황구지천, 오산천 등은 도심형 생태하천으로 이미 수달이 서식하고, 겨울에는 철새들의 도래지입니다. 세

안양천, 국가정원을 꿈꾸다

광명시·서울시 구로구·영등포구·금천구·양천구·안양시·의왕시·군포시

'안양천 명소-고도화 행정협의회' 구성

▼

안양천 국가정원 지정을 본격 추진합니다

출처: 안양시 홈페이지

계적으로 도심에 이렇게 생태가 잘 보존된 수변공원을 가질 수 있는 여건이 되는 나라는 드뭅니다.

　따라서, 안양천 국가정원화는 단순 안양천 인근 주민들의 복리 문제만이 아니라, 연계된 황구지천, 오산천 등의 구간까지 이어질 수 있는 출발점을 의미합니다. 안양천 국가정원화 사업을 통해 국도 1호선 총 8개 도시 주민의 삶의 질을 제고하며, 연계하여 수원, 오산,

화성, 평택까지를 국가공원급 정원으로 하여 경기도 최대의 생태수변공원으로 발전시킨다면 경기도민의 삶의 질은 획기적으로 높아질 것입니다.[6]

7

[제조업 혁신]
뿌리산업이 대접받는 경기도

뿌리산업이 어렵다. 경기도에는 어떤 정책 대안이 있나?

———

전국 산업단지(이하 산단) 1,283개 중 국가산단은 47개에 이르며, 이들 산단은 국내 제조업 총생산의 64%, 고용의 40%를 점하고 있습니다. 한마디로 산단은 '제조업 코리아'의 심장 역할을 하며 일자리의 저수지 역할을 하고 있습니다. 산단에는 뿌리산업이라고 할 수 있는 금형, 주조, 용접, 소성가공, 평면처리, 열처리 등 소·부·장 기업들이 존재합니다.

글로벌 공급망 위기 이후 과거 신자유주의 시대의 망령인 '비교우위론'은 더 이상 통하지 않는다는 점을 실감했기에 뿌리산업 보호와 육성은 제조업 코리아의 미래를 위해서도 필요합니다. 미국의 경우 전통적 제조업을 중심으로 뿌리산업을 등한시한 결과 '러스트 벨트'[7]라는 거대한 폐허가 발생했습니다. 현재 우리나라도 그와 유사한 문제가 발생하고 있습니다. 종업원 10명 이하 유령 산단도 483개(37%) 정도로 예상합니다.

미국의 '러스트 벨트'를 해결하는 방법을 살펴보겠습니다. 미국은 기축통화인 달러를 보유하고 금융이라는 무시무시한 무기를 바탕으로 '비교우위론'에 입각한 '자유무역주의'를 신봉해왔습니다. 그 결과 전기, 자동차, 철강 등 전통적 제조업을 중심으로 한 뿌리산업을 등한시하게 되었고, 결국 제조업의 몰락과 그로 인해 지역 경제가 파탄에 빠지는 이른바 '러스트 벨트'를 형성하게 됩니다. 실리콘 밸리로 상징되는 닷컴산업의 호황과 월가로 상징되는 금융산업으로 천문학적 규모의 재산을 가진 부자들이 속출했지만, 반대로 전통 제조업 지역은 폐허가 되었고 결국 미국 사회와 정치 전반을 뒤흔들 정도가 되었습니다.

미국은 이 문제를 해결하기 위하여. 중국과의 패권 경쟁을 명분으로 '미국 중심주의(America First)'를 앞세워 보복 관세 등 '보호무역주의'를 강화하고 있습니다.[8]

트럼프에 이은 조 바이든 행정부도 기조를 바꾸지 않았으며 오히려 더 강화하여 자국의 제조업 부흥과 일자리 창출이라는 두 마리 토끼를 잡기 위해서 '미국 제품 우선(Made in America)' 캠페인을 벌이고 있습니다. 우리에게도 직접적 영향을 미친 '인플레이션 법

(IRA)'와 '반도체법'이 대표적인 조치들입니다. 그런데 이러한 조치들은 미국 같은 나라에서나 가능한 정책들입니다.

한국은 글로벌 공급망에서 벗어날 수 없으며, 특히, 중국과 경제적으로 협력적 관계를 형성해야 합니다. 즉, 일방적으로 제조업 부흥을 위해 '보호무역주의'나 '디커플링'(글로벌 공급망에서 상대를 배제하는 것) 조치 같은 것을 할 수가 없습니다. 하지만, 글로벌 공급망에 의존하는 것도 올바르지 않다는 것을 우리는 이미 뼈저리게 느꼈습니다. 일본의 화이트리스트에 의한 수출 규제입니다. 지금도 미국과 중국은 주고받기식 수출금지를 단행하고 있습니다. 그렇다면 우리나라가 뿌리산업을 보호하고 육성할 방법은 무엇일까요?

한국 제조업 생태계에서 이른바 뿌리산업은 소재를 부품으로 만들고, 이 부품을 완성품으로 만드는 아주 중요한 핵심 산업입니다. 또한 완성차 업체와 연계된 수많은 부품 공장은 자동차 산업의 혈관과도 같은 역할을 해 왔습니다. 그러나, 뿌리산업의 현장 대부분은 산업재해가 빈번하고, 기름으로 뒤덮여 기피 작업장으로 인식되었습니다. 고학력 시대에 젊은이들이 외면하는 일자리가 되었습니다. 해답은 여기에 있습니다. 뿌리산업을 보호하고 육성하기 위해서는 첨단산업으로 전환 같은 정책도 필요하지만 젊은이들이 찾을 수 있는 직장 여건을 만드는 것이 최우선적 과제입니다.

우선 임금 격차를 해소하기 위해 이미 청년노동연금제 도입을 말씀드렸습니다. 그 외에도 뿌리산업에 취업하는 청년들을 위한 다양한 패키지들을 만들어야 합니다. 동시에 작업장 환경 개선 사업에 대한 지원도 강화해야 합니다. 산단을 스마트 산단으로 바꿔 가는 과정에서 지원 정책을 펼 수 있을 것입니다. 그 재원은 '신규 산단 건설에서 나오는 이익을 노후 산단 개선 사업에 투입'하는 일종의 '결합개발' 방식을 이용하면 됩니다.

마지막으로 뿌리산업의 현대화를 획기적으로 지원하는 제도를 만들어야 합니다. 최근에 유명세를 탄 대장간이 있습니다. 전통 제조업장인 대장간이 현대화를 통해 새롭게 변모한 이야기입니다. 대장간에서 설계도를 보고 고객이 주문한 상품을 만들고 있습니다. 상상할 수 없는 일이 벌어지고 있습니다. 이 대장간은 혁신을 위해 시설의 현대화, 기술의 고도화, 상품의 고급화를 추진하였고 성공하였습니다.

'포천 숲속의 대장간' 이광원 대장장, 디자이너 조혁빈 대표.
출처: 포천 숲속의 대장간 홈페이지

8

[군 공항 이전]
반도체 수출의 거점공항,
경기반도체 국제공항

수원 군 공항 이전 문제로 시작된 경기국제공항 건설 문제가 갈수록 꼬여가고 있다. 수원시민의 염원인 군 공항 이전이 불투명해지는 것은 아닌지 우려가 크다. 화성시민은 화성시민대로 군 공항 이전을 적극 반대하고 있고, 화성 이외의 지역에서는 공항 유치 의견이 낮은 등 진퇴양난의 상황이다. 이 문제에 대한 의견은 어떠한가?

━━━━

진퇴양난이 아닙니다. 지방분권의 대의를 중앙집권적 행정으로 착각하는 데서 오는 일종의 혼돈(混沌)입니다. 우리는 멀쩡한 문제도 갈등이 유발되는 세상에 살고 있어서 갈등을 마주하면 갈등이 해소되기 어렵다는 막연한 두려움부터 갖습니다. 사실 수원 군 공항 이전과 경기국제공항 설립 문제는 충분히 해결할 수 있는 사안임에도 불신 구조로 만든 미숙한 행정과 정치가 문제라고 생각합니다. 저는 이 일을 추진하는 분들이 다산 정약용의 《목민심서》를 읽어보셨으면 합니다.

군 공항 이전과 국제공항 신설 이슈를 해결하기 위해서는 장기적인 플랜으로 민심을 얻어야 합니다. 정치적 행위가 앞서면 진정성을 잃고, 행정적인 행위가 앞서면 불통의 소리를 듣는 그런 사안입니다. 갈등 구조 문제를 해결하고자 하면 상대방의 이야기를 다 들어야 하는데, 작금의 상황을 보면 언론을 앞세운 경기도와 수원시의 진행 방법에 문제가 있다고 봅니다.

새로운 접근 방식이 필요합니다. 이 문제에 접근하는 데에는 수원 군 공항을 이전해야 한다는 전제에서 출발하는 것이 아니라, 경기국 제공항이 필요하다는 전제에서 접근해야 합니다. 경기도는 대한민국 반도체 수출의 35%를 담당하는 곳입니다. 반도체는 항공을 이용하여 빠르게 수출됩니다. 당연히 경기도에 반도체 국제공항이 있어야 합니다. 경기도민이 접근할 수 있는 공항은 국내선은 김포, 국제선은 인천공항, 청주공항입니다. 김포공항은 강서구 일대에 교통 혼잡으로 인해 인천공항보다 더 많은 시간이 소요됩니다. 경기 북부와 동부를 기준으로 하면 김포공항 이용은 매우 불편한 상황입니다.

수도권 제2순환선 인근에 공항을 건설한다면 국내 그 어떤 공항보다 많은 사람이 이용하는 공항이 될 수 있습니다. 경기도는 경제, 산

건설 추진 중인 전국 공항 현황		(단위:원)
공항명	개항 목표 연도	사업비
가덕도신공항	2029년	13조8000억
대구경북통합신공항	2030년	12조8000억
제주제2공항	착공 후 5년	6조6743억
새만금국제공항	2029년	8077억
흑산공항	2027년	1833억
백령공항	2029년	2018억
울릉공항	2025년	7500억~1조5000억
서산공항	2028년	500억 미만

출처: 국토교통부

업, 문화, 사회 등 전반에 거쳐서 대한민국을 대변하고 있습니다. 이런 위상에 걸맞게 경기도에 국제공항은 당연히 있어야 합니다.

물론, 국제공항 신설은 국가 사무이지 지방정부 사무가 아닙니다. 따라서, 필요성을 충분히 어필하되 절대 지방정부가 모든 책임을 떠안는 방식이 되어서는 안 됩니다. 그러나, 현재 상황은 매우 좋지 않습니다. 위 표에서 확인하듯이 현재 국내에는 너무 많은 공항이 추진되고 있습니다. KTX의 속도가 갈수록 빨라지고, 중국 상하이에는 푸둥공항에서 시내까지 '마그레브'라는 자기부상열차가 운영 중인데 그 속도가 KTX의 두 배인 430km에 이른다고 합니다. 이렇듯 교통수단의 발달은 공항 수요를 감소시키고 있습니다.

무안국제공항은 매년 220억 원 이상의 운영비가 들어가지만, 연평균 약 2만 명만이 공항을 이용해 심각한 적자 상태입니다. 한국공항공사가 운영을 맡은 국내 14개(인천국제공항 제외) 공항 중 10개 공항이 적자를 기록 중이라고 합니다.[9] 실제 항공 수요는 한정돼 있는데 비행기로 1~2시간 거리에 공항이 우후죽순 생겨나면서 출혈 경쟁을 벌이고 있는 탓이기도 합니다. 현재 운영 중인 공항이 15개(국제 8개·국내 7개)나 되지만 국토교통부 '제6차 공항개발 종합계획(2021~2025년)'에 따르면 부산 가덕도신공항·대구경북통합신공항·제주2공항·새만금국제공항·흑산공항·울릉공항·백령공항·서산공항 등이 줄줄이 개항을 앞두고 있습니다.

그러나 경기반도체 국제공항 상황이 다릅니다. 우선, 반도체 수출을 위한 목적이 크며, 그 다음이 여객 수송입니다. 게다가 경기도는 1,400만 인구를 가진 최대 지역입니다. 다른 그 어떤 공항보다 필요성 그 자체가 강한 곳입니다. 경기 메가시티의 글로벌 경쟁력과 경기도 반도체 산업의 경쟁을 위해 경기반도체 국제공항은 필수입니다.

다음으로 현재 뜨거운 감자가 되어버린 수원 군 공항 이전에 대해 살펴보겠습니다. 그 출발점은 50년간 한 지역의 주민들이 일상생활이 불가능할 정도의 소음 피해를 당하는 것이 정당한가의 문제 제기입니다. 최근 「소음피해보상특별법」에 따라 일부 보상이 이뤄지고 있지만, 그간의 고통에 비하면 아무것도 아니며 그 보상 대상자들도 매우 제한적이어서, 실제 생활 속에서 불편을 겪는 수원, 오산, 화성 시민들 처지에서는 거의 의미가 없습니다. 이미 집중적으로 민원이 제기된 수원 군 공항 이전은 대체지만 확보된다면 이전하는 것으로 결정이 난 사안입니다. 따라서, 지금 시점에서 국방부가 다시 한 번 입장을 명확하게 표명하면 좋을 것입니다. 경기도나 수원시나 이 사업이 국가의 책무라는 점을 원칙으로 하여 추진하자는 취지입니다.

수원 군 공항 이전이 군 비행장 소음으로 인한 피해로 추진되기 때문에 이전 대체지의 경우 주민 피해가 최소화되는 것, 가능하면 주민들이 유치를 찬성하는 곳으로 가는 것이 원칙이 될 수밖에 없습니다. 다행히 정부 추산에 따르면, 수원 군 공항 후적지[10] 개발 이익금이 20조 원에 달할 것이라는 보고서가 나왔습니다. 이 비용으로 이전 지역에 충분한 보상, 개발 사업이 진행되어야 합니다. 특히, 교통 SOC가 갖춰진 곳을 찾지 말고, 낙후된 곳을 찾아 GTX 또는 고속도로 등을 건설하여 해당 지역 발전에 획기적 전환을 마련하는 방안을 적극 강구해야 할 것입니다. 이전지가 확정되면 특별법이 제정되어 더 많은 혜택 등이 올 수 있으니 이점을 적극 고려해야 합니다.

현재 이 사업이 꼬인 이유 중 하나가 기초 지방정부 간의 갈등을 조정해야 할 경기도는 손을 놓고 있는 사이 수원 군 공항 이전에 절박한 수원시가 화성시 이전을 추진하면서 갈등이 확산되는 점도 없지 않습니다. 앞에서 국방부 입장 표명을 다시 요구한 것도 이 사업이 국책 사업이라는 점을 분명히 하는 것이 갈등 해결의 출발점이라고 보기 때문입니다. 경기도지사나 수원시장이 이전을 추진한다고 가능하지도 않습니다. 이전 후보지 주민이 거부하면 할 수도 없습니다. 다른 도시의 시장이 무슨 근거로 현지 주민을 설득할 수 있겠습니까? 저는 '경기국제공항'을 '경기반도체국제공항'으로 수정하는 것이 꼭 필요하다고 생각합니다. 당연히 수원 군 공항도 이전되어야 합니다. 그렇다면 이 두 가지를 결합하여 민군이 활주로를 공유하는 경기반도체국제공항을 설립하여 두 문제를 동시에 해결하는 방안을 찾아야 한다고 생각합니다.

현재 검토되고 있는 화성 화옹지구만 고집할 일은 아니라고 봅니다. 경기 북부에는 추진되다가 지금은 중단된 포천공항이 있습니다. 2019년 11월 포천시는 '포천시 공항개발 사전타당성 조사 용역 착수 보고회'를 열고 경기 북부지역에 민·군 공동 활용 소규모 공항 개발을 검토했습니다. 용역은 정부에서 수립 중인 '제6차 공항개발 중장기종합계획'에 대비해 경기 북부지역에 소규모 민항기가 취항할 수 있도록 공항을 유치하고자 추진되었습니다. 포천공항의 추진 필요성은 김포공항의 여객 수요 한계 상황 때문입니다. 김포공항 여객 수요의 3분의 2를 차지하는 제주공항행 수요가 오는 2025년 1,900만여 명에 달할 것으로 예상됨에 따라 포천공항 신설로 이 중 20%(338만여 명)만 충당해도 원활한 수송이 가능할 것으로 전망되기 때문입니다. 포천공항의 입지는 경기 북부, 서울 북동부, 경기 동부를 포괄하며 GTX 노선에 따라서는 강원도 승객 수요까지 흡수할 수 있습니다.

상황이 이러니 포천시가 의지를 가지고 추진하고 있는 것입니다. 2021년 7월 12일 '포천 비행장 내 민항시설 설치 사업' 사전타당성 검토 결과 총사업비는 약 400억 원으로 예상되며, 비용 대비 편익(B/C) 5.56도 도출되었습니다. 그러나, 이후 일부 포천시 주민들이 향후 지역 발전이 저하될 것이라는 의견을 내고, 국토부 관계자도 추진 여부가 불명확하다고 밝히면서 현재는 사업계획이 표류 중인 상태입니다. 포천 비행장은 현재 활주로가 일부 건설되어 있으나 길이가 1,100m로 매우 짧아서 활주로 개량 및 민항 터미널 건설이 필요한 상태입니다. 원래 포천시의 사전타당성 조사에 따르면, 울릉공항처럼 활주로 길이 1,200m 규모로 ATR 42 같은 소형 항공기가 취항할 수 있는 소형 공항을 건설하는 것입니다. 이것은 예비타당성 등의 문제 때문에 소극적으로 잡은 것이지, 만약 경기반도체국제공항으로 추진된다면 김포공항 여객 수요까지 흡수하는 형태로 추진될 수 있을 것입니다.

포천은 수도권 제2순환선이 통과하는 지역이고, GTX 노선 연장 및 인천공항 근처의 하늘도시와 같은 신도시까지 배후 도시로 함께 건설한다면 포천 발전을 위해서도 바람직할 것입니다. 특히, 이 지역 발전을 저해하고 있는 각종 규제를 돌파할 수 있는 '수정법' 개정과 '특별법' 제정을 통해 발전이 이뤄진다면 지역주민의 불만도 없어질 것입니다.

화성 매향리 국제사격훈련장의 추억

경기도 군 공항 이전을 이야기할 때 잊지 말아야 할 것이 있다. 바로 미군이 운영하여 괌에서까지 폭격 훈련을 위해 날아왔던 매향리 국제사격연습장 이야기다.

1951년부터 매향리 근처 해상과 육지에 총면적 2,400만km에 달하는 거대한 사격장을 조성하여 미군이 사용하였다. 멀리 괌에서도 날아와서 폭격 훈련을 하고 가서 국제사격훈련장이란 이름이 붙었다. 이 훈련장은 50년이 지난 2005년에 폐쇄되었다. 매향리 앞 밤섬은 반세기 동안 쏟아낸 포탄으로 섬이 통째로 사라졌다. 폭격기에서 해상과 육지에 투하된 많은 수의 포탄의 굉음 등은 전쟁터와 다를 바 없었다.

무수한 주민들이 죽거나 다쳤지만, 국가는 철저히 외면했다. 국가는 매향리 주민들의 목소리를 무시하고 방치했지만, 주민들은 자신의 터전을 떠나지 않고 끈질기게 싸웠다. 소수의 주민이지만 포기하지 않았고, 시민사회가 함께 했다. 결국 목숨 건 주민들의 투쟁과 대한민국 전체를 움직인 여론에 의해 결국 미국은 사격장 폐쇄와 그동안의 피해에 대해 사과했다.

매향리 사격장에서 수거된 포탄

출처: 매향리 박물관 홈페이지

이렇듯 주민의 격렬한 저항은 어느 누구도 막지 못한다. 그리고, 어느 누구도 강제로 주민들을 내쫓을 수는 없다. 매향리 역사기념박물관에는 지금도 녹슨 포탄 수천 발이 전시되어 있다. 우리는 매향리를 보면서 교훈을 찾아야 한다.

9

[공여지 개발]
미군 공여지 개발은 국가 책임이 원칙

경기도에만 집중된 문제 중 하나가 바로 반환 주한미군기지 문제이다. 주한미군기지가 평택으로 사실상 일원화되면서 의정부, 동두천, 하남, 부천 등 경기도 곳곳에 주한미군 반환 공여지가 생겼다.

그런데, 이 기지들은 1950년 이후 미군이 주둔하면서 엄청난 양의 기름과 환경 쓰레기에 의해 오염된 상태로 오염 제거에 상당한 비용이 발생한다. 환경 정화 비용 외에도 각종 시설물의 철거와 사용할 수 있는 상태로 변경에 드는 비용 때문에 반환 공여지가 아직도 시민들의 품으로 돌려지지 못하고 있다. 이 문제에 대한 복안은 무엇인가?

"경기 북부 울리는 미군 공여지 개발 계획…토지매입비 3%만 배정?"이란 기사 제목에서 알 수 있듯이 미군 공여지 개발을 둘러싸고 정부와 지방정부 사이에 갈등이 심각합니다. 주민들은 분노하고 있습니다. 6·25전쟁 이후 70년 가까이 각종 규제와 주한미군 주둔으로 발전의 제약을 받았던 경기 북부가 정부의 생색내기 성과 발표에 또다시 이용만 당한 것으로 드러났기 때문입니다.

정부는 2023년 주한미군 공여구역 주변 지역 등 지원을 위해 101개 사업에 총 1조 9,111억 원을 투입하는 내용을 담은 '주한미군 공여구역 주변 지역 등 발전종합계획 2023년도 사업계획'을 확정 발표했습니다. 그런데, 1조 9천억 원이라는 사업비 중에 현재 「미군공여구법」에 의해 개발의 주체인 지방정부의 국가 재정지원 금액은 총 1,766억 원에 불과해 생색내기라는 비판을 받아 마땅한 상황에서, 그나마 지방정부가 사업 추진에서 가장 절실한 부분인 토지매입비 지원은 단 4개 사업에 국비와 지방비를 합쳐도 384억 원에 불과해 결국 3%만 토지매입비로 배정한 것이 사실로 드러났습니다. 이 문제의 원인은 지방정부가 미군 공여지를 매입해서 개발할 능력이 되느냐의 문제로 귀결됩니다. 현실은 아닙니다. 미군 공여지가 있는 도시들은 미군 주둔 그 자체로 인해 발전이 지체된 지역들입니다. 미군 때문에 발전이 저해됐는데, 이제 미군이 떠난 자리에 개발을 위한 토지매입비를 낙후된 지방정부에 부담하라는 것은 처음부터 말이 되지 않는 것입니다.

정부가 1조 9천억 원이라는 막대한 돈을 미군 공여지 개발에 투입했음에도 지방정부에 쥐꼬리만 한 매입비용을 지원하는 것은 「미군 공여구법」 때문입니다. 이 법에는 토지매입비는 도로·공원을 조성하는 경우에 한 해 매입비의 60~80%를 지원할 수 있게 되어 있습니다. 그런데, 실제 지방정부들은 도로나 공원보다는 좀 더 포괄적인 도시 개발을 하고 싶어 합니다. 그런데, 도시 개발을 위한 토지매입비는 지원할 수 없다는 것입니다. 그러면서 대안으로 제시하는 것이 「미군공여구법」 시행령을 고쳐 미군 공여지 개발에 민자 100%가 가능하도록 했다[11]며 민자를 유치해서 개발하라는 것입니다.

실제 파주시의 미군 공여지 캠프 게리 오언은 100% 민자사업으로 추진되고 있으며, 한국폴리텍대학 경기 북부 캠퍼스 건립 사업 역시 총 732억 원을 투입하지만 전액 민간 자본으로 진행됩니다. 민자 100%는 아무리 노력해도 주민들을 위한 개발이 될 수 없습니다. 최소한 정부가 토지매입 비용이라도 지원한다면 민자로 건설하더라도 지방정부는 자신이 원하는 방향으로 주민들의 편익을 우선 고려하면서 미군 공여지 개발을 추진할 수 있을 것입니다.

이 문제를 해결하기 위해서는 외국의 사례를 검토해 볼 필요가 있습니다. 외국의 사례를 보면 해당 지방정부에 책임을 전가하는 것이 아니라 국가가 직접 개발합니다. 필리핀 클라크(Clark) 공군기지 반환지는 대통령 직속 기지전환개발청(BCDA)에서 전담 개발하였고, 독일은 연방재산국(BiMA)에서 개발을 전담합니다. 필리핀이나 독일 역시 개발도 개발이지만 피해 보상에 대해서 국가가 책임지고 진행하였습니다.

외국 사례처럼 현행 「미군공여구법」의 효력을 뛰어넘는 「경기 북부 반환 미군기지 개발 특별법」을 제정하고, 토지매입과 개발을 전담하는 '미군공여지개발청'을 설립하도록 하여 국가가 주도적으로 미군 공여지를 개발하되, 지방정부가 참여하여 그 혜택을 누리도록 하는 것이 맞는 방향 같습니다. 특별법은 현재 토지 환경 정화 등의 문제는 환경부가, 군사 시설 관련 문제는 국방부가, 미군 공여지 관련 행정사무는 행안부가 맡는 등 각 부처로 분산된 상황을 통합적으로 바꾸기 위해서라도 필요합니다.

애초에 미군 공여지가 반환될 때 경기 북부지역은 큰 기대를 했습니다. 그리고 그동안의 피해 보상 차원에서 정부의 지원을 기대했습니다. 그러나 안보를 이유로 주권을 제약하고, 그 바람에 재산권을 희생한 주민들에게 사과는 못할망정 오히려 부담을 지우는 것은 옳지 않습니다. 미군 공여지에 첨단산업단지와 반도체 클러스터 단지를 만드는 것은 바라지도 않습니다. 최소한 희생에 보상만이라도 되어야 합니다. 그리고, 미군 공여지는 남북 교류의 전진기지가 되어 유라시아 진출의 전진기지로 만들어야 합니다. 그것이 과거 세대의 희생으로 미래 세대에게 길을 열어주는 겁니다. 결론적으로, '미군공여지개발청' 설립을 위한 특별법 제정이 필요합니다.

10

[평화]
한강 하구 중립 수역을 평화 공존의 상징으로

정전협정에 따르면 한강 하구 지역은 남북 누구나 통항이 가능한 중립 수역이다. 이것에 착안하여 지난 2007년 10 · 4 정상 선언에서 한강 하구 지역의 평화적 이용을 합의하였다.

현재 남북 관계가 윤석열 정부에서 완전히 단절되고, 오히려 언제 국지전이 벌어질지 모르는 위험에 빠져 있다. 이럴 때일수록 평화를 위한 노력이 절실하다고 생각한다. 한강 하구 중립 수역은 경기도에 속해 있어 경기도의 역할이 중요하다고 본다. 이를 잘 활용할 방안이 있나?

───

1953년 7월 체결된 정전협정에는 "남북 간의 우발적인 군사 충돌을 방지하고자 한강 하구를 중립 수역"으로 규정하였습니다. 특별히 한강 하구가 언급된 것은 한국전쟁 당시 한강 하구는 활발한 해상 무역, 어업, 해상 교통으로 남북 사이를 잇는 중요한 교통로였기 때문입니다. 경기도에서 한강 하구는 최단 시간에 서울과 경기 북부로 이동하는 통로였습니다. 한강 하구의 평화적 이용은 남북 화해와 협력의 상징입니다.

남북은 1972년 7·4 공동성명, 2020년 6·15 남북공동선언, 2007년 10·4 남북정상선언, 2018년 4·27 판문점선언과 9·19 평양공동선언 등 굵직한 합의를 이뤄오며 한반도의 평화와 안정을 추구해왔습니다. 정상들의 합의 중에서 평화와 경제 두 가지 모두를 포함했던 것이 바로 한강 하구의 평화적 이용이었습니다. 한강 하구의 풍부한 모래를 채취해 건설 골재로 쓰고, 그러는 가운데 자연스럽게 한강 하구를 자유롭게 통항하도록 하자는 구상입니다. 그래서인지, 휴전선 일대의 무력 충돌, 서해에서의 해전과 달리 남북이 가장 가까이 있는 한강 하구에서는 남북 간 군사 충돌이 없었습니다.

한강 하구 평화협력지대는 경기 파주 탄현면에서 인천 강화군 서도면까지의 70km 일대입니다. 지금도 남북이 마음만 먹으면 평화공존지대로 만들 수 있는 곳입니다. 비록 정부 사이에는 긴장 상태라 할지라도 지방정부 차원에서 시민들과 함께 지속해서 추진해나가야 할 것입니다. 한강 하구에 배 띄우기 행사를 정례적으로 개최하여 국민적 관심을 환기시키고, 김포 전류리 포구의 어업 활동을 좀 더 확대하고 낚시 등 여가 활동이 조금씩 가능하도록 군 당국과 협의해 나가야 할 것입니다.

이와 더불어 무엇보다 한강 하구 접근 자체를 가로막는 철조망 제거 사업에 속도를 내야 할 것입니다. 동시에 윤석열 정부 이후 다시 남북 관계가 좋아질 때를 대비하여 두 가지 조치를 준비해야 합니다.

한강 하구 공동이용 수역

길이:70km
면적:280㎢

예성강
북한 군사분계선(MDL)
임진강
한강하구 공동이용 수역
탄현면 만우리
오두산
교동도
강화도
한강
남한
김포
서검도
볼음도
석모도
주문도
북방한계선(NLL) 서해
0 5km

출처: 연합뉴스 2018년 4월 30일

첫째, 한강 하구의 무분별한 개발을 막고, 기수지역인 생태계 보호와 어족을 보호하여 향후 남북 어민이 자유롭게 어로 활동을 할 수 있도록 한강 하구 지역을 '유네스코 생물권보전지역'으로 추진하는 것입니다. 이 문제는 남한 단독으로 할 것이 아니라 기회가 닿는다면, 북한과 협의하여 같이 추진하는 것도 좋은 방법일 것입니다.

둘째, 한강 하구를 이용하여 임진강과 한강을 잇는 뱃길을 여는 것입니다. 한강 마포나루에서 출발한 소형 선박들이 한강 하구를 거쳐 전곡항까지 갈 수 있게 하는 것입니다. 전곡항은 요트의 성지로 조성하는 데 가장 빠르고 확실한 방법이 될 것입니다. 이미 역사적으로 대부분의 조운[12]은 한강 하구를 통과했습니다. 지금 그렇게 못하는 것은 한강 하구가 막혀서가 아니라 전두환 정부가 북한의 침투를 막는다고 건설한 한강 보 때문입니다. 보를 철거하거나 통행할 수 있는 구간을 만든다면 충분히 가능합니다.

한강 하구 평화공존지대화는 경기도가 한반도 평화에 직접 이바지할 소중한 기회입니다. 평화를 얻기 위해서는 부단한 추진이 필요합니다.

안녕하십니까?
정책공장 공장장 박정균입니다

끝으로 본인의 정치철학, 좌우명 등을 알려달라.

———

저의 정치철학은 '위민(爲民)을 위한 여민(與民)'입니다. '국민을 위한 정치를 하기 위해 먼저 국민과 더불어 해야 한다'라는 것입니다. 이것은 김대중 대통령의 말씀에서 영감을 얻어 정하게 되었습니다.

　김대중 대통령께서는 "민심보다 앞서거나 뒤처져서는 안 된다. 국민으로부터 고립된 뜀박질은 실패를 향한 돌진에 불과하다. 목적이 정의롭고 고상할수록 '국민과 함께'라는 방법상의 원칙은 더욱 지켜져야 한다"라고 강조해 오셨습니다. 정책을 하다 보면 늘 목적을 앞세워 방법을 등한시하는 일이 왕왕 발생합니다. 그럴 때마다 제 정치철학을 생각합니다. 이 정치철학은 나아가 지역사회 공동체 회복을 위해서 주민과 함께 하는 세상을 꿈꾸는 것으로 발전하였습니다.

박정균이 만들고 싶은 나라, 만들고 싶은 경기도는 이렇습니다. 민주당에 헌신하며 DNA로 박혀버린 '주권재민의 민주공화국', 복지 현장과 정치 일선에서 깨달은 '복지는 시혜가 아니라 국가의 의무라는 여민동락 국가', 기후 위기, 인구절벽, 지방소멸 3대 위기를 극복하는 '지속 가능한 미래가 있는 국가'를 갈망합니다.

경기도당 정책실장을 하면서 깨달음은, 경기도의 경쟁력이 곧 국가의 경쟁력이라는 것입니다. 그래서 서울의 변방 경기도가 아니라 글로벌 중심 경기도를 만들어야 한다는 '글로벌 더 메가시티 경기'를 꿈꾸고 있습니다.

끝으로, 저는 속도보단 방향을 중요시 여깁니다. 속도란 준비도 없이 요행을 바라는 길을 가는 것이고, 방향이란 겸손과 배려와 소통을 근본으로 길을 찾아가는 겁니다. 옳고 그름의 판단은 오랜 시간이 필요하지 않습니다.

인생을 살면서 많은 곡절을 겪어 왔습니다. 그래서 생긴 좌우명은 '인생은 속도가 아니라 방향이다'입니다. 이 말은 김시진 야구 선수가 한 말입니다. 인생을 살아보니, '얼마나 빨리 성장하느냐, 얼마나 빨리 올라가느냐'보다는 항상 올바른 길, 시대에 맞는 방향으로 가는 것이 더 옳고 낫다는 것을 깨닫게 됩니다. 봄에는 봄꽃이 피고, 가을에는 가을꽃이 피듯이 서두르거나 조급해하지 않고 늘 올바른 방향을 생각하여 살고자 애씁니다.

미주

1장

1 은사권(Royal prerogative of mercy)은 영국왕의 사면권을 말한다. 국왕의 대권행위 (Royal prerogative)의 하나이다. 영국왕의 은사권은 원래 사형 선고를 철회할 것을 영국왕이 허가하는 것을 말했다. 그러나 현재는 어떤 종류의 형벌도 철회하는 것을 말한다. 출처: 위키백과

2 굿모닝 충청, '[여론조사 꽃 전화면접] 국민 70% 이상, "이동관 임명 반대 및 해명 자료 안 믿어" 2023년 6월 19일.

3 프레시안, '윤 정부의 신원식 · 유인촌 · 김행 후보자 지명, 57.1%가 '잘못된 인선', 2023년 9월 27일.

2장

1 혹자는 이를 '국가 주도 경제성장론'이라고 부르기도 한다.

2 한국은 초고속 압축성장기에 '선 경제 건설 후, 자주권 확보' 노선에 따라 안보는 미국에게 의존하고, 경제 개발에 주력하였다.

3 이도운 대통령실 대변인, 2023년 8월 20일 언론 브리핑

4 김진경 작가는 이를 두고 "한국은 1960년대 이래 30년 동안 서구의 300년을 압축해 따라갔다. 무서운 속도의 서구 흉내 내기 속에서 자신을 돌아본다는 것은 가능하지도 않았고 필요한 일로도 간주되지 않았다"라고 썼다. 김진경 지음, '삼십 년에 삼백 년을 산 사람은 어떻게 자기 자신일 수 있을까?'

5 김종영, 『서울대 10개 만들기』, 살림터, 2021년, 40쪽

6 매일경제, "[단독] 서울대 해외에서 제대로 평가 못 받아…재정 1조 늘려 상위 10위 경쟁", 2020년 7월 1일

7   경인매일, "신동근 의원, 서울대가 점령한 법조계 폐쇄 지적" 2021년 10월 6일.

8   김낙년의 연구에 따르면, 2011년에서 2013년 사이에 소득 최상위 1%는 국가 전체 자산의 25.1%를, 상위 10%는 65.1%를 소유하고 있다. 김낙년, 「한국의 부의 불평등, 2000~2013: 상속세 자료에 의한 접근」, 『경제사학』 40권 3호, 2016

9   김낙년의 연구에서 최상위 0.1%에 적용된 한계세율이 지속해서 줄어들었음을 근거로 하여 자본 소득이 임금 소득보다 빠르게 늘어난 배경에는 조세율이 낮아지는 흐름과 맞물려 있다는 것을 밝혔다.

10 이영욱, '우리나라 중산층의 현 주소와 정책과제'보고서, 「KDI 포커스(Focus)」,2023,

11 구해근, 『특권 중산층』, 창비, 2022, 77쪽

12 통계청 가계동향 조사 2023년 1분기 자료는 통계청 사이트(kostat.go.kr)에서 가져왔다.

13 지방정부의 안정적 재정 마련을 위해 현행 '주택도시기금법'상 민간임대주택 건설자에게 대출이 가능하게 되어 있는 부분을 개정하여 지방정부만 대출받을 수 있도록 개정할 필요도 있다.

14 당시 통폐합의 논리는 사업성 강화를 통한 부채탕감이었으나, LH가 토지 수용부터, 시행 및 개발, 분양까지 전 사업 발주자 위치에 놓이면서 사업 곳곳에 이권이 개입할 여지가 많아져 필연적으로 부패하게 될 것이라는 우려가 제기되었다.

15 경기도의 경우 2020년 3기 신도시 관련하여 GH가 확보한 공공임대주택 물량 중 50%를 기본주택으로 공급하고자 했습니다. 전체를 하지 못한 것은 중앙정부가 통제하기 때문이었습니다. 경기도표 기본주택은 중앙정부가 '공공주택특별법'에 따라 3기 신도시의 35%를 공공임대주택으로 공급하기로 한 부분과 별개의 사업으로 추진될 수밖에 없었습니다. 그러나 이것마저도 LH 직원들의 3기 신도시 불법 투기 사건의 여파로 추진이 중단되었습니다.

16 이 자료는 참여연대 홈페이지(https://www.peoplepower21.org/welfare/1948483)에서 가져왔다.

17 보험수익자가 부담하는 보험료율. 즉 연금 납부액.

18 납부한 연금액에 비해 수익자가 실제 받는 금액의 비율

19 KBS, "국민연금 100년 이상 끄떡없다."…'3-1-1.5' 개혁안, 내용은? [국민연금]③' 2023년 8월 18일.

20 원래 Under Class는 노동능력을 상실해 생계 보호를 받는 최저 생활자를 의미합니다. 이들은 노동하는 노동계급보다 아래라는 의미에서 언더 클래스라고 부른다. 한국에서는 수입과 대우에서 최하층 노동자를 뜻합니다.

3장

1 박경현, '초광역권과 메가시티가 아시아에서 가지는 함의', 아시아 브리프, 서울대학교 아시아연구소, 2022. 2권 46호)

2 연합뉴스, "2067년 화성시 제외한 경기도 30개 시군 인구소멸 고위험 지역", 2023년 5월 25일.

3 아주경제, '서울 직장인 하루 평균 출근 시간 53분', 2021년 9월 8일

4 파이낸셜리뷰, '매일 125만이 경기서 서울로 출퇴근 '75분 걸려', 2021년 11월 29일.

5 트램의 특징은 다음과 같다.

하나, 저상차인 트램은 교통약자와 동행할 수 있다. 둘, 탄소중립을 실현하는 친환경 시스템이다. 셋, 기존 도로에 궤도를 부설하여 공사 비용이 저렴하다. 넷, 시간대에 맞는 차량 편성으로 승객 수요를 맞출 수 있다.

6 광역고속철도(GTX)망은 지하 40~50m 이하의 깊이에 터널을 굴착하므로 토지 보상비와 건설비가 적게 드는 특징과 고속 운행(100km/h 이상)으로 교통 혼잡을 줄이고 출퇴근 시간을 단축하는 효율적인 교통망.

7 반도체 용어 설명

① 메모리(memory) : 스마트폰이나 PC에서 데이터를 저장하는 기능을 주로 하는 반도체 칩 ② 로직 칩(Logic Chip · 논리 칩) (=비(非)메모리 반도체,시스템 반도체) 주로 연산 작업을 하는 전자 기기의 '두뇌' 역할을 하는 칩으로 PC와 스마트폰은 물론이고 TV · 세탁기 · 냉장고 · 밥솥과 같은 모든 전자 기기에는 로직 칩(비메모리 반도체)이 필요하다. 이 시장의 강자는 인텔이다. PC의 두뇌인 CPU 시장을 장악하고 있다. 퀄컴은 스마트폰에 들어가는 통신 칩 세계 1위다. 로직 칩 분야는 이렇게 전자제품별로 1위가 다른 경우가 대부분이다. ③ 팹리스(Fabless · 공장이 없다는 뜻): 반도체 종류가 아니라 회사를 기준으로 나눌 때 쓰는 개념이다. 스마트폰의 통신 칩 시장을 장악한 퀄컴은 반도체 설계만 하고 제조는 하지 않는다. 이런 반도체 기업을 팹리스라고 한다. 별도로 생산시설에 대한 투자 부담을 지지 않는 대신 연구 · 개발(R&D)

을 통해 필요한 로직 칩을 설계한다. ④ 파운드리(foundry): 팹리스 회사의 주문을 받아 반도체를 제조하는 회사를 말한다. 반도체 설계 도면을 받아, 그대로 생산해 납품하는 것이다. 가장 대표적인 회사가 대만의 TSMC이다. 삼성전자가 용인에 건설하려는 '용인 반도체 클러스터'가 바로 파운드리 팹이다.

8   경향신문, '한국인 기대수명 83.6세, OECD 3위⋯ 의사 수는 꼴찌에서 두 번째', 2023년 7월 25일.

9   인천투데이, '인천 치료가능 사망률 국내 1위 "공공의료 강화해야"', 2023년 9월 27일.

10 조규홍 보건복지부 장관은, 2023년 8월 16일 제1차 「보건의료정책심의위원회」 회의에서, 의사인력 확충 등 필수 지역의료 강화를 위한 사회적 논의를 본격 시작한다고 밝혔다.

11 의사신문, '보건소 60%, 비전문 공보의가 흉부X선 판독', 2016년 10월 14일.

12 감사원에 따르면, 15년(2006~2020)간 정부가 저출산·고령화 대응으로 투입한 예산은 380조 2,000억 원. 직접 저출생 예산으로 280조 원 사용했으나 저출생 원인 해결하지 못함. 부동산, 사교육, 돌봄, 경력 단절, 소득 격차 등을 해결하지 못한 것이 저출생의 원인으로 지목

13 관련 자료는 보건복지부 홈페이지(https://www.mohw.go.kr/)에서 발췌.

14 뉴스핌, '반도체 인력 수만 명 부족⋯뚜렷한 대책 없어 '발 동동'', 2023년 9월 17일.

15 아시아경제, '수도권 규제의 역설⋯소규모 공장 난립 부추긴다', 2023년 9월 4일.

16 대학설립 운영 규정 개정으로 전문대학원을 신설 시 교원 확보 기준을 일반대학원 수준으로 완화하고 다른 학부(대학원) 소속 교원과 시설을 공동 활용 가능해졌다.

17 환경부가 국회 첨단전략산업특별위원회에 보고한 바에 따르면, 용인 반도체 클러스터는 오는 2031년까지 일일 5만m^3, 오는 2050년까지 일일 78.8만m^3의 용수가 필요하다. 이는 대구광역시 시민 약 240만 명이 사용하는 생활용수(일일 71.3만m^3)와 근접한 수치이다.

18 매일경제, '[단독] 삼성 용인 클러스터, 화천댐 용수 끌어다 쓴다.', 2023년 7월 13일.

19 SBS, '팔당호, 녹차 라떼 연상⋯올해 첫 조류주의보', 2015년 5월 15일.

1 평화경제특구법은 박정, 윤후덕 국회의원등이 발의하였고, 2023년 5월 25일 국회 본회의를 통과했다.

2 이 부분은 수소 경제의 특성상 천연가스의 수입, 기존 발전소와 연계 등을 고려하여 경기 남부의 평택항 그리고 충청도의 여러 발전소와 연계하여 추진해야 할 것입니다.

3 경부선 철도 지하화로 추진하기 위해서는 '철도시설 지하화 및 상부개발 등에 관한 특별법'이 필요하다.

4 상부 부지를 녹색 공원을 동반한 공공주택(토지임대부)을 건축하여 공공성을 담보한 청년주택, 신혼부부, 무주택자 등에게 반값으로 분양하여 주거복지를 실천하고, 출퇴근 이동 시간 단축하여 삶의 질을 향상하고, 도심 속 숲길 조성은 물론 철도 용지 상부를 공원으로 활용하여 쾌적한 도심 속 힐링 장소 제공할 수 있다.

5 도로를 지하화한 뒤 상부 용지를 복합개발한 해외 사례는 독일 함부르크, 프랑스 파리 라데팡스, 일본의 오사카 비즈니스 파크 등이 있다.

6 안양천 중심 국가정원 32km 구간은, 안양·군포·의왕·광명·금천·구로·양천·영등포 등 8개 시/구 인구 수는 273만 명이며. 평택호, 오산천, 황구지천 중심 국가공원급 정원 68km 구간은, 수원·용인·화성·평택·오산·안성·군포·의왕등 8개 시 465만 명이다. 이를 더해서 평택호에서 한강까지 잇는 100km 구간을 생태수변공원화 한다면 세계적인 랜드마크 수변공원이 될 수 있다.

7 러스트 벨트란 미국 제조업 경기가 전성기일 때 호황을 구가했지만 사양화 길로 들어서면서 이제는 불황을 맞고 일자리가 줄어들어 '녹이 슬게 된 지대(rust belt)'를 일컫는다. 러스트 벨트에는 미국 자동차 산업의 메카 디트로이트와 철강산업 중심지인 피츠버그 외에 필라델피아, 볼티모어, 멤피스, 오하이오 등 석탄·방직 사업이 발달한 미국 북부와 중서부 지역이 속한다. (출처 : 연합인포맥스(https://news.einfomax.co.kr)

8 트럼프 대통령은 값싼 중국산 제품이 미국 제조업을 망가뜨렸다면 강력한 무역 보복조치, 통상전쟁을 벌였다. 그러나 정작 트럼프 정부 때 대중국 무역적자는 사상 최대치를 기록했다. 바이든 정부도 이 점을 잘 알고 있어 처음에는 '디커플링'까지 고민했으나, 지금은 '디리스킹'으로 후퇴했다.

9 매일경제, '[떠오르는 경기국제공항] ③공항들 적자인데… 계획과 전망은', 2023년 3월 27일

10 후적지는 특정 용도로 사용되던 건물이나 부지가 다른 곳으로 이전하고 난 후의 땅을 말한다.

11 2023년 3월 7일 개정

12 조운(漕運)은 고려와 조선시대에 수운을 이용하여 조세로 거둬들인 곡물을 경창으로 운송하는 제도이다.

각주 출처

단행본

김종영, 『서울대 10개 만들기』, 살림터, 2021년, 40~41쪽

번역본

허쉬만, 『정치경제학 원론』, 김종영 옮김, 민음사, 2019년, 132쪽

문헌

김희상, 「전쟁터가 된 학교에 협력을 심는 길」, 『교육철학지』, 11월호, 2017년, 40쪽

기사

매일경제, "서울대 해외서 제대로 평가 못 받아", 2020년 7월 1일

사이트

OECD 순위는 경제협력기구 사이트(oecd.com)에서 가져왔고, 복지지출 예산은 복지예산알림치(uniari.kasfo.or.kr)에서 가져왔다.

우리가 몰랐던 경기도 이야기 정책예보

1판 1쇄 인쇄	2024년 01월 02일
1쇄 발행	2024년 01월 10일

지은이	박정균
발행인	이용길
발행처	모아북스 MOABOOKS

관리	양성인
디자인	장원석(본문 편집)

출판등록번호	제10-1857호
등록일자	1999.11.15
등록된 곳	경기도 고양시 일산동구 호수로(백석동)358-25 동문타워 2차 519호
대표전화	0505-627-9784
팩스	031-902-5236
홈페이지	http://www.moabooks.com
이메일	moabooks@hanmail.net
ISBN	979-11-5849-231-1　03300